商周兩朝交替
周公與禮樂之始

辛堪生、李學林
徐曉菁 著

王朝更替,他攝政而不奪權;百廢待興,他奠定中華千年秩序!

禮樂制度從何而來?商朝和周朝的根本差異在哪?
一切問題的答案,都從周公開始!

他不只是輔政賢臣,更是制度與思想的開創者

走近中華千年文化的源頭,一探周公的政治理念

目 錄

◆ 總序　　　　　　　　　　　　　　　　　　　005

◆ 前言　　　　　　　　　　　　　　　　　　　009

◆ 第一章　周公的時代：從小邦到大邑　　　　　015

◆ 第二章　天命思想：從蒙昧到理性　　　　　　033

◆ 第三章　政治思想：德治與權力基礎　　　　　075

◆ 第四章　法律思想：明德與慎罰　　　　　　　103

◆ 第五章　倫理思想：「德」與「孝」　　　　　125

◆ 第六章　禮制體系：國家制度的雛型　　　　　147

/ 目錄

◆ 第七章　音樂創作：禮樂制度　　　　　173

◆ 第八章　神祕策略：龜卜與占筮　　　　195

◆ 參考文獻　　　　　　　　　　　　　　207

總序

這是一個需要聖人並且誕生了聖人的時代。

在西元前 800 年至西元前 200 年,在地球北緯 20°和北緯 40°之間的地域,世界上一批思想巨星和藝術宗匠閃亮登場,他們的思想和學說照亮了歷史的天空,開啟了人類的智慧,並一直溫暖著人們的心靈。

那是一個群雄紛爭、諸邦並列的時代:在古代歐洲,是希臘、羅馬各自為政的城邦制時代;在南亞次大陸,是小國林立、諸邦互鬥的局面;在古代中國,則是從「溥天之下,莫非王土」的西周王朝,轉入了諸侯爭霸、七雄戰亂的「春秋戰國」時代。那時天下大亂,戰火連綿,強凌弱,眾暴寡,爭地以戰殺人盈野,爭城以戰殺人盈城,百姓生活在被侵襲、蹂躪和面臨死亡的威脅之中。如何才能恢復社會秩序、實現社會安定?什麼才是理想的治國安邦良策?芸芸眾生的意義何在?人類前途的命運何在?正是出於對這些現實問題的思考,一批批先知先覺誕生了,一服服治世良方出現了。人類歷史也由此進入了智慧大爆發、思想大解放的「諸子並起,百家爭鳴」時代!

在古波斯,瑣羅亞斯德(西元前 628 年至前 551 年)出現了;在古希臘,蘇格拉底(西元前 469 年至前 399 年)、柏拉圖(西元前 427 年至前 347 年)出現了;在以色列,猶太教先知們出現了;在古印度,佛陀釋迦牟尼(約西元前 565 年至

前485年）誕生了；在中國，則有管子（約西元前723年至前645年）、老子（約西元前571年至前471年）、孔子（西元前551年至前479年）、孫子（約西元前545年至約前470年）、墨子（約西元前475年至前395年）等一大批精神導師、聖人賢人橫空出世！

德國哲學家卡爾‧雅斯培（Karl Jaspers）在1949年出版的《歷史的起源與目標》（*The Origin and Goal of History*）中，將這一時期定義為「軸心時代」，並認為，「軸心時代」思想家們提出的思想原則，塑造了不同的文化傳統，也一直影響著人類未來的生活。在希臘、以色列、中國和印度的古代文化都有著「終極關懷的覺醒」，智者們開始用理智的方法、道德的方式來面對這個世界，同時也產生了宗教和哲學，從而形成了不同類型的智慧，逐漸形成了「中國文化圈」、「佛教和印度教文化圈」、「希臘─羅馬和猶太─基督教文化圈」，決定了今天西方、印度、中國、伊斯蘭不同的文化形態。這些文化圈內人們的思想因為有了「軸心時代」思想家的智慧火花，才一次又一次地被點燃，這些文化也才一代又一代地得以傳承和發展。

相反，由於沒有「軸心時代」先知先覺思想的恩惠，一些古老文明也就無緣實現自己的超越與突破，如古巴比倫文化、古埃及文化、古馬雅文化，它們雖然都曾經規模宏大、盛極一時，但最終都被歷史的歲月無情地演變成文化的化石。

中華民族以其悠久的歷史和燦爛的文化屹立於世界民族之林，中華文化歷經數千年而不衰竭，以雄姿英發之勢，傲

視寰宇。中華文化是「世界四大古文明」（古埃及、古巴比倫、古印度和中國）中傳承序列最明晰、文化形態最溫和、發展持續性最強的一種文化。

　　浩浩龍脈，泱泱華夏，何以能創造如此文明奇蹟？中國「軸心時代」期間的「諸子百家」、聖人賢人所做的絕妙思考和留下的精神財富，無疑就是歷代中國人獲取治國安邦之術的智慧泉源。在這一群聖人賢人之中，有德有位、立言立功、多才多藝的周公（姓姬，名旦）無疑是東方智慧大開啟的奠基者。歷五百年，隨著王室東遷、文獻流播，而有管子、老子、孔子、孫子者出。管子是用知識和理想治理社會和國家而獲得成功的第一人，是後世儒與法、道與名諸多原理的蘊蓄者；老子曾為周守藏室史，主柱下方書，善觀歷史，洞曉盛衰，得萬事無常之真諦，故倡言不爭無為，而為道家鼻祖；孫子雖言兵，然而崇仁尚智，以兵去兵，而為兵家之神聖；同時，有孔子者出，遠法堯舜之美，近述周公之禮，刪六藝以成「六經」，開學宮以授弟子，於是乎禮及庶人，學術下移，弟子三千，達徒七十有二，口誦「六經」，身行孝敬，法禮樂，倡仁義之儒家學派因而誕生！

　　自是之後，民智大開，學術鼎盛，家有智慧，人有熱忱，皆各引一端，各樹一幟，於是崇儉兼愛的墨家（以墨翟、禽滑釐為代表）、明法善斷的法家（以申不害、商鞅、韓非為代表）、循名責實的名家（以鄧析、公孫龍為代表）、務耕力織的農家（以許行、陳相為代表）、清虛自守的道家（以文子、莊子為代表）、象天制歷的陰陽家（以子韋、鄒奭、

/ 總序

鄒衍為代表），以及博採眾長的雜家（以尸佼、呂不韋為代表）、縱橫捭闔的縱橫家（以鬼谷子、蘇秦、張儀為代表），紛紛出焉，蔚為人類思想史上之大觀！

　　諸家雖然持說不同、觀點互異，但其救世務急之心則一。善於汲取各家智慧，品讀各家妙論，折中去取，必收相反相成、取長補短之效。《詩》曰：「我思古人，實獲我心！」生今之世，學古之人，非徒抒弔古之幽情、發今昔鉅變之慨嘆而已，亦猶有返本開新、鑑古知今之效云爾！

　　是為序！

前言

　　周公是中國文化史上極為重要的人物，談中華傳統的禮樂文化，談人文化成，都離不開周公。更重要的是，周公對於中華傳統文化價值體系的形成和發展，有著獨特的貢獻。

　　周公姓姬名旦，是周文王之子，周武王之弟，周成王的叔父。他一生輔助武王和成王父子，在政治上大有作為，在文化上大有開拓。據《史記》記載，「及武王即位，旦常輔翼武王，用事居多」。武王東征，「周公輔行」；武王伐紂，「周公佐武王」；武王「封周公旦於少昊之虛曲阜（是為魯公）」，而「周公不就封，留佐武王」。武王去世後，周公唯恐天下叛亂，而「踐阼代成王攝行政當國」。這就是歷史上著名的「周公輔成」。周公攝政之初，流言四起，詆毀周公，蠱惑成王。但周公不懼流言，坦蕩行事，並奉成王之命平定了管叔、蔡叔、霍叔發動的「三監之亂」，以及武庚之亂，最終使得「諸侯咸服宗周」。待成王成人，「周公乃還政於成王，成王臨朝」。按照司馬遷的說法是：周公「及七年後，還政成王」，恭恭敬敬地「北面就臣位」。為了防止成王治理天下出現弊端，周公講述殷周治亂興亡的歷史經驗和教訓，「以誡成王」。在成王當政，天下已安後，針對「周之官政未次序」的狀況，「周公作《周官》，官別其宜」。雖然《周官》（《周禮》）是否周公所作，人們有不同的看法，但司馬遷將其當作周公的作品，至少可以看出太史公充分肯定周公在政治文化、制

度文化建設方面的貢獻。而周公的這種貢獻,又是透過對成王的輔助而實現的。透過周公輔佐武王、成王父子的事蹟,可以看出,周公是中華傳統文化中忠義之士的代表,是賢人政治的典範,是忠臣賢相的楷模。周公透過政治實踐,為中國傳統政治文化中的聖賢傳統做了開創性的貢獻。唐代白居易的〈放言〉詩中說:「周公恐懼流言日,王莽謙恭未篡時。向使當初身便死,一生真偽復誰知?」韓愈在建立他的道統論時,將周公與堯、舜、禹、湯、文、武並提,應當是有道理的。聖賢氣象、聖賢文化,是周公在理論和實踐上對中華文化的貢獻之一。

周公對於中華文化的另一重要貢獻,是制禮作樂,亦即開創了禮樂文化的先河。《禮記‧明堂位》稱:「武王崩,成王幼弱,周公踐天子之位以治天下,六年朝諸侯於明堂,制禮作樂,頒度量而天下大服。」《禮記‧文王世子》則稱:「周公相,踐阼而治。」《尚書‧洛誥》記載,成王曾當面稱讚周公尊奉天命,厚待宗族,禮遇諸侯,按照禮節大祀文王,雖然祭祀的形式和內容都很繁雜,但周公並沒有出現差錯。《詩經‧周頌‧昊天有成命》主要是稱頌成王的美德,讚美成王繼承了文王、武王的事業,成就了新的大業。按照漢初思想家賈誼的說法,「文王有大德而功未就,武王有大功而治未成」(《新書‧禮容語下》),到了成王,「布文陳紀,經制度,設犧牲,使四海之內懿然葆德,各遵其道,故曰『有成』」(《新書‧禮容語下》)。而成王之所以能夠成就這番大業,是和禮樂制度的創設密切相關的。《尚書大傳》就曾明

確指出：「改正朔，立宗廟，序祭祀，易犧牲，制禮作樂，一統天下。」毫無疑問，這套成王實行的以制度文化為核心的禮樂文化，是周公創制的成果。《呂氏春秋》就明確指出：「文王造之而未遂，武王遂之而未成，周公旦抱少主而成之。」作為中華傳統禮樂文化經典的《周禮》、《儀禮》，兩書是否周公個人所作並不重要，關鍵在於這兩部經典的基本內容和價值取向，是周代禮樂文明昌盛的重要精神源頭，而周公則是周代禮樂制度的主要建立者。即使是質疑周公與《周禮》、《儀禮》關係的人，也很難否定周公制禮作樂的歷史貢獻。其實，從廣義上看，西周在經濟上的井田制度、在政治上的宗法制度、在文化上的禮樂制度，都是周公制禮作樂的一部分，正是這些內容，構成了周公創制的周代以至影響後世的禮樂文化的主體。孔子所要從的「周」、所要復的「禮」，就是周公所代表的價值取向的「周」，是周公所制定的禮樂文化之「禮」。從秦漢統一以後直到清末，華夏民族所自豪的禮義之邦、所崇尚的禮樂文化，都與周公，尤其是他制禮作樂的事業，有密切連繫。

　　周公對於中華文化的另一重要貢獻，是確立和光大德觀念，尤其是確立仁德政治。根據《史記》記載，周公「為子孝，篤仁」。孝、仁當然是美德，而周公輔佐武王、成王父子成就大業，尤其是輔助成王而自覺地秉持「臣」位意識，其昭顯的顯然是道德理性，是對德觀念的弘揚和踐行。其實，「周公輔成」之所以在歷史上受到廣泛重視和稱譽，根本原因在於裡面所蘊含的道德意識和道德價值。為了防止成王成人並

前言

執掌大權後「治有所淫逸」，周公透過殷周治亂的歷史事實，勸誡成王要勤政畏天，「率祀明德」，反對驕奢。周公還透過對殷亡教訓的總結，明確闡述了「以德配天」的思想，提出要敬德、明德、慎罰，只有敬德，才能「祈天永命」。同時，還要簡政近民，認為「政不簡不易，民不有近；平易近民，民必歸之」(《史記・魯周公世家》)。此外，還要透過教育灌輸，使老百姓永遠「懷德」，促使社會和諧統一。從總體上說，周公在德方面的貢獻，一是以孝、仁為核心的個人修養的培育，二是對仁德政治的實踐和闡釋。可以說，中國古代仁德政治的思想源頭和具體實踐始於周公。

周公對於中華文化的又一重要貢獻，是對天命思想的創造性詮釋和發展。殷人有著一以貫之的天神崇拜傳統，周人繼承了這個傳統，但在繼承的同時又更新，或者說是重鑄了這個傳統，亦即把德觀念引入了天神崇拜系統，創造了以德配天的新的解釋理論。而這個工作的主要完成者，就是周公。《尚書》、《史記》的多處內容表明，周公把天命轉移與否，與德的有無直接連繫起來。殷革夏命，周革殷命，都是出於天命。而天命主張愛民、敬德、修德、勤政，反對殘民、淫逸、驕奢、暴政，因此，天命轉移的價值依據，就在於統治者德的有無，從而解釋了王朝更迭的合法性依據問題，並賦予天以道德理性為中心的價值理性品格。所謂「天視自我民視，天聽自我民聽」的新的天命觀念，儘管是透過武王伐紂誓師時從武王的口講出來的，但毫無疑問，這種價值理念和周公對天命思想的創造性理解和詮釋密切相關。後

世儒家「天道神聖」的觀念、傳統文化中天人合一思想對於天內涵的理解和敬畏（漢代董仲舒就說過：「天人之際，甚可畏也。」），應當與周公對天命思想的創造性詮釋分不開。

　　周公對於中華文化的又一貢獻，是對於傳統的尊重，這對中國傳統文化中崇尚傳統的形成有著重要作用，這具體而又集中地表現為對聖王和先王之道的崇奉。正如前述，《史記》記載，武王去世後，「周公恐天下聞武王崩而畔」，故「代成王攝行政當國」，管叔之流散布流言，說周公將不利於成王，周公於是對太公和召公表明心跡：「我之所以弗辟而攝行政者，恐天下畔周，無以告我先王太王、王季、文王。」太王、王季、文王這些人物，是周公崇奉並經常作為聖君典範而提到的；先王、孝等是周公經常使用並十分重視的概念。在告誡康叔如何治理殷民的時候，周公說，「先王既勤用民德」，「皇天既付中國民越厥疆土於先王，肆王惟德用，和懌先後迷民，用懌先王受命」（《尚書・梓材》）。先王成了受命之君的代稱，成了仁德政治的楷模。周公甚至要求康王學習、借鑑已經被周王朝滅掉的商朝的聖明君王的治理經驗，發揚其優良的文化內涵，「往敷求於殷先哲王，用保乂民」（《尚書・康誥》），可見其對於傳統資源的重視。在據傳為周公所作的《詩經・文王》篇裡，一方面闡述後王應當以殷為鑑，效法文王（後世君王的先王）；一方面反覆詠嘆、強調「周雖舊邦，其命惟新」，都深刻反映了其尊重傳統的思想。當然，《詩經・大雅・文王》未必就是周公本人的作品，但作為當時社會上層人物的作品，其思想和周公的相關思想

一致,應當是沒有問題的。

綜上可見,周公為中華傳統文化的發展做出了重大貢獻。因此,周公值得學術界認真研究。

「周雖舊邦,其命惟新。」讓我們「闡舊邦以輔新命」,為弘揚中華傳統文化的優秀成果,為中華文化的現代化而努力。

李宗桂

第一章
周公的時代：從小邦到大邑

一、周公與周族的興起

周族是與夏、商同樣古老的部落，不過這個部落位於偏僻的西部，即今黃土高原渭水流域一帶。相傳這一帶有一條河名為姬水，該部落因此而得姬姓。

在周人的傳說中，其始祖叫后稷，在夏王朝擔任主管農業的官職。后稷名棄，為有邰（ㄊㄞˊ）姜嫄所生。姬、姜為兩個互相通婚的相鄰部落組織。姜姓部落盤踞在邰地，即今陝西省武功縣境內，周人始祖棄的生母姜嫄是這個母系氏族部落的女酋長。

先秦史詩《詩經》記載了關於后稷誕生的神話傳說。姜嫄向上帝求子，於是履其足跡感孕而生后稷。后稷出生以後，顯示了種種神蹟。族人把他丟到小巷，牛、馬哺乳了他；把他放在寒冰上，飛鳥又用翅膀庇護了他。他後來被堯尊為農師，被舜推為后稷。這個傳說反映出周人的祖先經歷過知其母而不知其父的母系氏族社會階段，並且較早進入農耕經濟

第一章　周公的時代：從小邦到大邑

的行列。不過，把后稷這個男性作為周族的始祖，意味著周人從此進入父系氏族社會。

作為經濟發展相對落後的部落，周族長期依附於夏、商等強大部落，在其發展過程中幾經興衰。從傳說中的后稷起到夏朝後期，該族首領長期世襲主管農業的「稷」官職。但到夏朝衰落之時，農業似乎已不受重視，周人首領不窋只好回到家鄉「自竄於戎狄之間」，跟西部更為落後的其他族人往來。在沉寂一段時間以後，不窋之孫公劉將周族人遷到豳地，即今陝西省旬邑縣境內。公劉精心策劃，慘淡經營，使周族經濟、人口和軍事力量都有了初步發展。周人這時因盡力農墾，糧食已有剩餘，並且已建成自己的軍隊，初具國家規模。公劉成為周人歷史上第一位傑出的政治家。公劉之後，周人中又誕生了一位傑出人物古公亶父。這時由於北方遊牧民族狄人的侵擾，古公亶父被迫將族人遷至岐山之南的周原。此地即今陝西省岐山縣東北，土地肥沃，適宜發展農業。在古公亶父的經營下，周人的農業生產力得到進一步發展，並且已開始修築城郭，真正進入文明時代。由於國力的進一步強盛，這時已有一些弱小部落依附於周。到古公亶父之子季歷時期，周人已開始擴張自己的部落，不斷打敗西方和北方的戎狄等族，並與商聯盟。因為周人實力已對商構成潛在的威脅，季歷受到了商王的迫害。

將周部落實力發展到與商王朝全面對抗並戰而勝之的關

鍵人物是季歷之子姬昌,即周文王。他經營周人部落達半個世紀之久。其間商人已感到周人的威脅,把他抓起來,並長期囚禁於羑里。當他逃脫商人之囚後,在生命的最後七年裡進行了一系列針對商人的征戰。在經過一連串軍事行動的勝利之後,周人把商在西部的屬國通通收歸自己所有,對商形成了「三分天下有其二」的優勢,形成了對商的首都朝歌的直接威脅。這時,周文王把周都遷入豐地(今陝西秦渡一帶),一個新的國家宣告誕生。正當周人準備對商王朝實施最後一擊時,文王去世了。儘管壯志未酬身先死,文王卻堪稱周王朝的真正締造者。

文王去世以後,其子姬發繼位,是為周武王。武王九年,他於孟津(今河南孟州附近)會盟八百諸侯,聲勢十分浩大。眾諸侯一致要求立即興師伐紂,但武王考慮到時機還不成熟,在會師後就回國了。這次會盟雖未取得任何具體的戰果,但由此表明周比商贏得了更多的支持者,周代商已成必然之勢。

又過了幾年,由於商紂王的荒淫無道,其主要大臣微子、箕子和王子比干進諫,卻落得比干被殺、箕子被囚、微子逃亡的結局,商王朝統治集團內部一片混亂。這時,又由於東夷叛商,商紂王被迫對東夷進行討伐,以鞏固後方。但討伐東夷的結果,造成了軍事力量的分散和削弱,對商而言,顯然是雪上加霜。此時,周武王意識到對商發動總攻的

第一章 周公的時代：從小邦到大邑

時機到了。於是，在武王十二年二月甲子日清晨，武王率師向商都發動猛烈進攻，這就是著名的牧野之戰。

武王伐紂時，所率周軍兵力僅兵車三百乘，周王近衛軍三千人，士卒四萬五千人。而商王朝之兵力在經東征之後仍具有絕對優勢，因此有「商周之不敵」之說。武王為實現滅商大業，建立了廣泛的「統一戰線」，聯合了西方和西南方的各路諸侯，計有庸、蜀、羌、髳、微、盧、彭、濮等八族部落。反商盟軍在周武王的率領下進逼牧野（今河南淇縣南），距商都朝歌僅七十里。這時，由於商主力部隊仍滯留在東南方向。商都空虛，商王只能臨時武裝奴隸和戰俘，拼湊成十七萬人的軍隊迎戰。

周武王所率軍隊，雖然一路上並不順利，但仍士氣高昂。到達牧野後，周武王向全軍發表了誓詞，即〈牧誓〉，揭露商紂罪惡，申明作戰紀律，鼓舞官兵士氣。一經交戰，周軍勇往直前，而商軍前線士兵大多為奴隸和戰俘，他們不願為商紂王賣命，紛紛倒戈相向。這樣，僅僅一天時間，商王朝軍隊就大敗。商紂王連夜逃回朝歌王宮，後見大勢已去，他只好登上鹿臺，自焚而死。周人及其盟軍攻下商都，代表周代商這一事業已大功告成。

在這場滅商興周的戰爭中，周公不僅是事件的目擊者，更是積極的參加者。當時他的地位與作用雖然還不能同周文王、武王和姜尚等相比，但也相當重要。我們雖沒有找到多

一、周公與周族的興起

少有關周公在這場鬥爭中的活動的確切記載，但身為周王室主要成員之一，並且智商過人的周公，肯定是領導這場運動的核心集團成員。據《荀子·儒效》說，周武王率領大軍在「兵忌」之日出發，一路上又遇到了諸多在古人看來是不吉利的徵兆。這時周公挺身而出，力排眾議，朗聲而言：「刳比干而囚箕子，飛廉、惡來知政，夫又惡有不可焉！」周公的言論，發揮了穩定軍心的作用。他在這場重大鬥爭中的重要性於此也可見一斑。

周公也是這場滅商興周運動的最大受益者。他親眼看見了強大的商王朝覆滅的過程，參與了滅商的鬥爭。因此他對周人艱苦創業，尤其是父親文王的艱苦樸素和在位之際所表現出來的驚人毅力有著深刻的體會。這些收穫，不僅在他後來對其弟康叔、其姪成王等的訓誡中體現出來，還表現於他的政治活動之中。可以說，沒有這場艱苦卓絕的周人滅商鬥爭的親身經歷，一個大智大賢的周公是不可能憑空出現的。正是由於有了周的興起以及周公本人在其中所發揮的特殊作用，才為周公這個曠世奇才的出現提供了可能。歷史上的儒家把周公理想化、神祕化，把他描繪成一個先知先覺的聖人，這就嚴重地背離了歷史事實，無助於我們正確評價周公。這種觀點，是我們全然反對的。

周公的出現也是歷史的必然。周人的興周大業，代表了時代的潮流。故而周人雖多次遭到商王朝的迫害，但總能

愈挫愈強,並最終贏得眾多同盟者的支持。正所謂「得道多助,失道寡助」。

當周滅掉商王朝之後,武王的突然去世,使這一運動失去了一個主要領袖。但興周大業不能沒有一個能夠完成歷史使命的關鍵人物,這就注定了周公必然作為這一歷史事件的主要領袖而登上周初政治舞臺。這正如弗里德里希·恩格斯(Friedrich Engels)所說:「恰巧某個大人物在一定時期出現於某一國家,這當然純粹是一種偶然現象。但是,如果我們把這個人除掉,那時就會需要有另外一個人來代替他,並且這個代替者是會出現的──或好或壞,但是隨著時間的推移總是會出現的。」[001]周公正是這樣一個應運而生的人物。這個因偶然因素而登上歷史舞臺的人物,由於對時代命脈有著準確的掌握,顯然成了一個成功者。他不僅奠定了有周一代數百年基業,也由此奠定了後來中國歷史文化數千年的基本發展方向。

二、「周雖舊邦,其命惟新」:周公的歷史使命

周戰勝商以後不久,該部落的最高統帥周武王就過早地去世了。歷史賦予周公的任務是艱鉅的。當時,擺在周公面前的困難甚多。

---

[001]《馬克思恩格斯選集》,第四卷,人民出版社,第 506～507 頁。

二、「周雖舊邦，其命惟新」：周公的歷史使命

首先，軍事上的壓力很大。周在占領殷都以後，並未解除全部殷人的武裝。商紂王之子武庚雖受封統率殷商遺民，但心懷異志，隨時可能率商殘餘武裝反叛。當時，民族關係也很緊張。除了曾作為周的反商盟軍的西南方諸部落以外，東方的東夷、淮夷，南方的楚，西方的鬼方等部族，與周的關係都不能令人放心，有的甚至一開始就與周形成明顯的敵對狀態。這些潛在的敵人，或者因為曾是商之舊部族而隨時可能被商的殘餘勢力所號召，成為周的反叛者；或者因為從不與包括夏、商在內的華夏諸族和好，隨時可能侵犯周王朝。而周初，周王朝自己的嫡系軍隊總數也不過五萬人左右。因而武王在打敗殷商之時，就已流露出這種擔憂。據記載，武王罷兵回到周以後，夜不能眠，周公到了他的住所，問道：「為什麼不睡呢？」武王回答說：「告女！維天不饗殷，自發未生於今六十年，麋鹿在牧，蜚鴻滿野。天不享殷，乃今有成。維天建殷，其登名民三百六十夫，不顯亦不賓滅，以至今。我未定天保，何暇寐？」（《史記·周本紀》）也就是說，統率殷氏族的三百六十個氏族長依舊存在，我既不能把他們消滅，又不能使他們光顯。在這種狀況下怎能放心睡覺呢？武王去世後，周公攝政，扮演了最高統治者的角色。這次輪到周公來體會這種憂慮了。無論如何，作為「小邦周」的新王朝，如何在軍事實力上保證江山社稷的長治久安，這的確是周公在當時必須首先解決的一個迫切問題。

第一章　周公的時代：從小邦到大邑

其次，經濟上也面臨諸多難題。周初，周王朝繼續其祖先的重農傳統，堅持以農立國的經濟政策。然而，這一時期的農業生產工具比之於商代並無實質上的進步。從今天考古發掘到的文物分析，當時仍主要使用骨鏟、石鏟、石刀和蚌鐮等作為耕耘、收割的工具。翻土工具是以青銅斧、錛為刃的木製耒耜，青銅農具仍未占主導地位，鐵器農具仍未出現。因此，周初社會生產並沒有出現大飛躍的跡象。但是，周初社會的階級結構出現了較大的變化。首先是周初的規模浩大的「封邦建國」制的推行。「大分封」的結果是在全國出現了七十一個封國，大批有功之臣和王室成員成為新貴族。因此這一時期，奴隸主貴族階層急遽擴大，統治階級人口急遽膨脹。在一般情況下，疆土的擴大和統治階級規模的增加，勢必會增加財政支出。其次，在滅商和東征平叛兩次大的軍事行動中，都有大量奴隸陣前倒戈起義。這些奴隸在周人的這一系列戰爭中是有功的，因而自然要改善其原來的地位。在人身關係上，他們不會滿足於過去那種「會說話的牲口」的奴隸地位。這對於以周公為首的周初統治集團來說，自然在經濟上感到不小的壓力。再次，周公等人也從商亡的歷史事件中，清楚地看到了殷商末期的奴隸們是怎樣怠工、逃亡和暴動的，並且清楚地意識到這種破壞行為對一個強大的王朝所產生的毀滅性打擊。很明顯，過去的統治者所長期推行的舊的剝削方式已不能在新王朝繼續推行下去了。「禍

二、「周雖舊邦,其命惟新」:周公的歷史使命

兮福之所倚,福兮禍之所伏」,正是這樣一個社會急遽變動的時代,使過去不太明顯的階級矛盾激化起來、突顯出來,從而使周公有了一個重新了解這一問題的機會,並為其制定新的經濟政策、確立新的剝削方式提供了歷史機遇。

再次,文化的危機感嚴重。周是一個在文化上起步較晚的部落。他們早期居於戎狄之間,並與這些尚處於野蠻階段的民族同俗,到古公亶父(即太王)時期尚在穴居野處,過著「陶復陶穴,未有家室」的生活。也就是說,這時周人還居住在窰洞裡,地面建築尚未出現。周人雖經過自己艱苦卓絕的努力戰勝了殷商王朝,但這並不能掩蓋他們在文化上的貧乏。周人自己也意識到他們對商的勝利,實際上是較野蠻的部族對相對文明的部族的征服。因此他們在滅商之後仍不敢以征服者自居,對商保持著不得不尊敬的這樣一種微妙心態。他們繼續尊稱殷為「大國殷」或「大邑商」,而自稱則貶為「小國」或「小邦周」。看來,這時周人一時還不適應自己從統一王朝的一個部落一躍而成為天下之唯一「共主」這個角色的變化。同時,周人已痛感自己原有的教育程度再也不能滿足統治遼闊疆土的需求了。為此,他們首先需要向商文化學習。在《尚書・康誥》中,周公就對康王提出了「往敷求於殷先哲王,用保乂民」的要求,即要求新王朝不要因殷滅而拋棄其先進的文化,而應學習和繼承殷商好的文化傳統,用以統治臣民。同時,商王朝的覆滅,本身也暴露出商文化的

第一章　周公的時代：從小邦到大邑

不足。因此，即使原封不動地繼承商文化，也難以確保新王朝基業的永固。這就注定了周人在文化上不僅要超越自己，還要超越殷商，開創出全新的文化局面來。這又是周人所面臨的另一重大課題。

在周初的巨大壓力和挑戰面前，周公表現出大無畏的氣概。他不僅非常冷靜地應付著種種隨時襲來的危機，還把這些困難視為上帝所賦予的歷史使命。在《詩經》中，就有一首相傳為周公本人所作的〈大雅‧文王〉詩，詩中表達了這種強烈的「受命」意識。在這首僅五十六句、二百二十餘字的詩篇中，「命」和「天命」竟先後出現七次之多，尤其是其中「周雖舊邦，其命惟新」一句，已明顯地流露出一種強烈的使命感。周公借歌頌文王之機，以周朝國歌的形式，時時提醒周人要知道「命之不易」，要以文王為榜樣，以「惟新」的精神，創造性地完成上帝所賦予的歷史使命。周公本人在攝政稱王的短短七年時間裡所完成的業績，正是對「其命惟新」這一課題所交出的最佳答卷。周公對商代神本文化的超越與否定，為中國古代社會的人本文化奠定了基礎，由此也確立了他身為中國歷史上第一個大思想家的地位。這表明他準確地掌握了時代的脈搏，出色地完成了他的歷史使命。

三、周公與周初其他重要政治家

周開國前後，周部落聚集了一批傑出的政治家，他們在領導興周滅商的鬥爭中發揮了關鍵的作用。其中包括周文王、周武王、姜尚、召公奭等人。周公與這些重要政治家之間都有著十分密切的關係

周文王姬昌，號稱西伯，為周公之父。司馬遷在《史記·周本紀》中說他：「篤仁，敬老，慈少。禮下賢者，日中不暇食以待士，士以此多歸之。」據說，有一次周文王在野外行走，見到一些枯骨。他馬上吩咐隨從們把這些枯骨好好掩埋起來。隨從們說：「這些都是無主的屍骨。」文王卻對他們說：「統治天下的就是天下之主，治理國家者就是一國之主。我就是主，怎麼能說這些屍骨無主呢？」西伯埋屍骨的事傳開後，各地的人都稱讚說：「西伯對枯骨尚且這樣愛護，何況是對人呢？」於是大批賢才都投奔了周族。

周文王不僅具有仁慈的美德，而且艱苦樸素、勤勞節儉。屈原在《楚辭·天問》中就讚美「伯昌號衰，秉鞭作牧」，即文王穿著蓑衣放牧。周公也說，「文王卑服，即康功田功」（《尚書·無逸》），即文王安於卑微的工作，從事過開通道路、耕種田地的勞役。

周公對其父文王是十分景仰的。在他為文王所作的頌歌中，就盛讚後者之德，要求周人「儀刑文王，萬邦作孚」，即

第一章　周公的時代：從小邦到大邑

要善於效法文王，天下萬國就會信服。他深情地說：「亹亹文王，令聞不已。陳錫哉周，侯文王孫子。」（《詩經‧大雅‧文王》）又說：「穆穆文王，於緝熙敬止。假哉天命，有商孫子。」（《詩經‧大雅‧文王》）。文王的治國經驗與良好品德，對周公無疑具有深刻的影響。

周武王姬發，是周文王之次子，周公之兄。文王在世之時，周公與武王兄弟倆密切合作，輔佐他從事興周大業。武王雖不是長子，但因其賢，使文王在選擇繼承人問題上優先考慮了他。姬發因此直接越過其長兄伯邑而成為太子。文王去世後，武王即位，繼續其未竟事業。經過精心準備，武王完成了滅商的壯舉。武王滅商以後，很快採取了爭取民心的措施。他派召公把商紂的叔父箕子從被囚禁的地方放出來，派畢公釋放被囚禁的百姓；表彰商朝賢臣商容的故里；命令南宮适把商紂王多年搜刮來的鹿臺之財、鉅橋之粟，都散發給貧民和奴隸；命令閎夭祭掃被商紂王殺害的王子比干的墓。這些措施顯然達到了預期的目的，它使人們意識到「天命靡常」，「天命」並不總是落在商王朝的身上，民心比「天命」更有利於江山永固。武王的另一新措施就是透過對一大批同姓兄弟和異姓功臣以及傳說中的黃帝、神農、堯、舜、禹的後裔的分封，使新王朝不僅更為鞏固，還可以控制更為遼闊的疆土。同時，武王對商朝遺民也採取了一種安撫政策，封紂王的兒子武庚於殷地。但是，武王可能因積勞成疾，在滅商

之後僅兩年，就去世了。新王朝安邦建國的任務並未在周武王手裡得以徹底完成，只好留待周公來承擔其未竟之業。

在文王去世至武王去世的這段時間內，武王顯然是周政治集團的核心人物。周公雖然不是許多政策的主要決策者，但身為文王、武王的主要輔佐人員之一，在許多問題上必然要發揮出謀劃策的作用。武王在世時，兄弟二人彼此信任，相得益彰。武王過早去世，則給了周公一個總攬大權、大展拳腳的絕佳機會。從周公輔成王和最後還政於成王的事件來看，他對其兄長的感情是深厚的。周公與周武王雖都精明強幹，但並沒有發生像後來許多王朝那樣為爭奪王權而兄弟相殘的情況。這說明他們能夠識大體，為興周這個大目標而共同努力。

在反商興周的鬥爭中，還有一個不容忽視的重要人物，他就是周初的大政治家、軍事家呂尚。

呂尚姓姜，名子牙，東海人。傳說他的祖先是神農氏的後裔，因輔助禹治水有功，被封在呂（即今河南南陽），以封地為氏，故稱呂尚。關於呂尚的生平，人們說法不一。有的說他本是一個博聞強記之人，曾經當過商紂王的大臣，因見紂無道而離開了他。之後，他又遊說於諸侯之間，未受重用，最後才投奔了周文王。又有人說呂尚原是隱居於海濱的處士，周文王被囚禁於羑里時，其手下大臣散宜生、閎夭聽說他有賢能而去請他出山相救。呂尚說：「我聽說西伯賢明，

第一章　周公的時代：從小邦到大邑

尊重老人，何不去他那裡？」於是呂尚與這兩個人合謀替周文王求得美女、珍寶來獻給紂王以贖其罪，周文王果然被救了出來。

關於呂尚和周文王的相遇，最為人熟知的說法近乎傳奇。據說呂尚一直未找到發跡的機會，年老時依然貧困不堪，後來他常到岐山腳下釣魚。有一天，周文王外出打獵，行前占卜，得到一個奇怪的卜辭，意為：所獲者不是野獸，而是霸王的輔佐之臣。文王出獵時，行至渭水北面，見年老的呂尚正在那裡釣魚。文王下車與之交談，呂尚就把他醞釀已久的用兵治國之策進獻給文王，文王聞之大喜，恍然大悟，這不正是卜辭中所言之人嗎？於是他對呂尚說：「我的祖父太公說，『當有聖人到周，周因此而興盛起來』，您果真是這個人嗎？我的太公盼望您已很久了。」自此以後呂尚稱太公望（民間傳說中的姜太公，就是由此稱呼演變而來）。文王立即與呂尚共乘一車而歸。呂尚很快得到了重用，被任命為國師。

周文王於羑里被釋放回周以後，經常和呂尚一起暗中商量滅商興周大計，其中主要是關於兵法和計謀等方面的內容。周文王推行德政，斷虞芮之訟，滅掉崇國、密須和犬夷等商朝的附庸小國，修建本邑，使周的勢力向東發展，形成了「三分天下有其二」的有利局面。這一連串的勝利，大多歸功於呂尚的計謀。

三、周公與周初其他重要政治家

　　周文王去世以後，繼位者周武王仍以呂尚為師，稱師尚父，以之為周軍統帥。周武王九年（西元前 1048 年），武王打算重修文王之業，東伐商紂王，試探諸侯們有什麼反應。呂尚以統帥的身分釋出號令。當時前來會師的有八百諸侯，他們一致要求立即興師伐紂，但呂尚和武王認為時機未到，與諸侯會師後回國。兩年以後，商紂暴政變本加厲，形勢更有利於周。呂尚看到時機成熟，請武王出師討伐。出師前，武王占卜，得到不吉的卜辭，又遇暴風雨。群臣均認為將出師不利，勸武王不要伐紂，唯有呂尚力主伐紂。在接下來的牧野之戰中，面對數倍於己的商紂軍隊，呂尚毫無畏懼，不顧年邁，身先士卒，率領一個百人敢死隊衝擊敵陣。在呂尚大無畏精神的鼓舞下，周軍將士奮勇向前，大獲全勝。商紂取勝無望，只好自焚於鹿臺。占領朝歌以後，周分散商紂留下的錢財和糧食以救貧民，採取了一系列爭取民心的措施，而這些計策據說大都出自呂尚。

　　在周初大分封中，呂尚身為第一號功臣被封在齊國。當時齊地處東夷雜居的複雜區域，需要一個足智多謀的人去鎮守，呂尚無疑為最佳人選。傳說在呂尚一行從容不迫地去齊途中，有一天晚上，他聽到旅店的主人在外面議論道：「時機難得而容易錯過。這些客人睡得那麼穩，好像不是赴國上任的人。」呂尚聞聽此言猛然警覺起來，他立即叫醒兵士，馬不停蹄地趕到齊都營丘，果然遇到附近的萊夷人來爭奪營

丘,幸虧呂尚及時趕到,擊敗萊人,使齊國穩定下來。呂尚到齊以後,在政治上尊重當地風俗,簡化禮節,提倡商業和手工業,又利用臨海條件,發展漁業和鹽業。附近小國的百姓看到齊國的興旺景象,多移居齊國,使齊國很快成為一個幅員遼闊的東方大國。

周公對呂尚的政治才能應該是瞭如指掌的。周公後來採取的許多政治措施雖有不少與呂尚的有所不同,但很難說沒有師法於呂尚的地方。周公對呂尚的政治才能也表示佩服。周公封地魯國與呂尚封地齊國相鄰。據說,分封之後,周公的兒子伯禽到魯國受封,呂尚到齊國受封。呂尚治理齊國三個月後就向周公彙報政績。周公問他為什麼這麼快就有了成績,呂尚說:「我按照當地風俗,稍稍把我們的禮節變革一下,當地百姓很快就接受了。」而伯禽過了三年才來彙報政績。周公問他為什麼這樣遲,伯禽說:「我到那裡要變更風俗,建立禮制,現在才有個頭緒。」周公聽了以後,嘆道:「唉,魯國的後代將來一定要歸齊國管了。齊國為政簡易,容易為百姓所接受,也一定能得到百姓的支持。」因此說周公在為政上受呂尚的影響是毫不奇怪的。

召公奭,周文王之子,周公異母兄弟,為周初重要政治家之一。武王滅紂後,封召公於北燕。周公輔成王時,召公位為三公之一。當時自陝縣以東地區,由周公主管;處陝縣以西地區,由召公主管。可見當時召公在地位上與周公不相

上下，為輔佐大臣之一。召公治理西方，很受人民喜愛。據說，有一次，召公下鄉巡察，發現有一棵棠梨樹，便在棠梨樹下面判決刑獄和處理政事。從有地位的人到普通百姓，每個人都有適當的職位，沒有失業者。召公死後，人民思念他的政績，懷想棠梨樹，不敢砍伐，並寫成《詩經·召南·甘棠》詩篇歌頌此事。詩中寫道：

> 蔽芾甘棠，
>
> 勿翦勿伐。
>
> 召伯所茇。
>
> 蔽芾甘棠，
>
> 勿翦勿敗。
>
> 召伯所憩。
>
> 蔽芾甘棠，
>
> 勿翦勿拜。
>
> 召伯所說。

《詩經·召南》中另外還有一首〈行露〉詩。這是一首寫一個女子拒絕已婚男子並責罵他的詩。該女子由於召公斷訟明察秋毫而得以如願，因而寫下責罵該男子之詩藉以讚美召公。

從關於召公的史料來看，召公似乎本不長於計謀，與呂

第一章　周公的時代：從小邦到大邑

尚善兵法奇謀顯然不同。但是召公推行的德政，與呂尚在政治上和風格上正好形成了一種互補關係。這兩種統治方法在當時顯然各有其存在的必要性。召公的政治實踐帶有更多的平民因素，更能反映人民的呼聲。這種政治實踐也表明中國古代社會已逐漸開始從天命觀中擺脫出來，更多地關注人自身的作為對於爭取民心、影響歷史發展的作用。這在一定程度上體現了中華文化在周初的確有了某些進步。

從周公把營建新都雒邑的重任交給召公來主持這件事可以看出，周公十分信任召公。以周公與召公之間的密切關係，他對召公的為政之道應是再清楚不過的了。因此，周公與召公在其政治生涯中也完全有可能相互影響，吸取對方的優點。

總之，周公身為中國歷史上第一個大思想家和最早的大政治家之一，在其理論與實踐中充分地吸收了同時代其他重要政治家的思想和實踐中的精華部分，並從這一時代的許多重大歷史事件中獲得了有益的啟迪。因此周公的思想也是中華文化發展到周初這一歷史時期的集大成者，在中華文化的早期歷史上，有著承先啟後、繼往開來的作用。這就形成了一個相對獨立的時代──周公的時代，它是中華文明史上不可忽視的、一個極其重要的歷史階段。

第二章
天命思想：從蒙昧到理性

「天命觀」是中國古代特有的一種世界觀，它不僅是普通黎民百姓心中占統治地位的思想，也是支配帝王將相思想和行為的世界觀。周公身為古代一位傑出的思想家和政治家，他的世界觀也必然有其獨特之處。為了突出他的「天命觀」特色，有必要先簡析一下周公之前的「天命觀」。

一、夏殷蒙昧主義的天命觀

自從夏部落的貴族禹打破了部落選舉首長的「禪讓」制，實行「傳子」的世襲制後，就面臨著一個如何解釋「王位子繼」的合法性、必然性的問題。啟在父親禹的培植下企圖得到王位，首先就遭到東夷部落首領伯益的反對，「益干啟位，啟殺之」（《史記・夏本紀》）。伯益被殺之後，啟奪得王位，又遭到居住在今陝西省西安市鄠邑區境內的有扈氏的舉兵反抗。啟率兵討伐，並作了戰前動員，鄭重地釋出了動員令，即我們所知道的《尚書・甘誓》。在〈甘誓〉中，啟第一次假

/ 第二章　天命思想：從蒙昧到理性

「天」[002]之命來為自己討伐有扈氏作論證：「予誓告汝：有扈氏威侮五行，怠棄三正。天用勦絕其命，今予惟恭行天之罰。」有扈氏的罪行非常簡單，僅是「威侮五行，怠棄三正」而已，就是說有扈氏上不敬天象（據劉起釪的研究，「五行」指古人觀察到九大行星中的五個，稱作辰星、太白、熒惑、歲星、填星，與戰國末期到漢初才形成的「陰陽五行說」的「五行」無關），下不重大臣（「三正」指二三大臣）。啟為什麼不把有扈氏反對他稱王作為一大罪狀呢？這正說明「王位子繼」在當時並不具有合法性和必然性。於是啟便假借「天」意來為自己討伐有扈氏作論證。這種口實當然顯得乏力，所以啟便輔之以賞賜和嚴厲的懲罰來利誘和威嚇部屬：「用命，賞於祖；不用命，戮於社。予則孥戮汝。」（《尚書‧甘誓》）就是說，努力完成命令的，便給予獎賞；不努力完成命令的，便在神社前給予懲罰，將他們加以刑戮或淪為奴隸。

可見，夏啟開創了以「天」命論證「王位子繼」合理性及「君權神授」之先河，即所謂「有夏服天命」（《尚書‧召誥》）。「天」，《說文解字》云：「天從一大。」「大」字的甲骨文、金文皆像人形，人之上為天，原反映太空，其處高遠，其形遠

---

[002] 關於夏商時代是否有「天」的概念，學術界看法不一，有些學者根據《尚書》的〈夏書〉和〈商書〉中有「天」的稱謂而斷言夏商時代已形成「天」的概念；而有的學者如郭沫若則認為〈夏書〉和〈商書〉中的「天」是後人的思想、語言摻入，不足為據，「天」的概念是在周代才形成的。我們認為，夏商時代是否把上帝稱為「天」並不重要，假「天」之命還是假「上帝」之命都不改變問題的實質，故不必在稱謂上糾纏。

大,是自然崇拜的對象之一。夏啟則賦予了「天」以至高無上的神性,把茫茫蒼穹的自然之天變成了「天神」、「天帝」、「上帝」,變成了統攝百神的至上神。這與原始氏族部落崇拜的日月山川等自然神不一樣。自然神之間是平等的,它反映了氏族部落的平等關係;而「天神」則是凌駕於眾神之上的百神之長,它反映了夏朝奴隸主君主專制的社會制度業已形成。正如卡爾·馬克思(Karl Marx)所說:「宗教本身是沒有內容的,它的根源不是在天上,而是在人間」[003],「許多神的全部自然性和社會屬性都轉移到一個萬能的神身上,而這個神本身又只是抽象的人的反映」[004]。

夏朝一方面在人間開創了奴隸主君主專制制度,另一方面又在天國塑造了統攝百神的天帝。但此時的天帝和人間的君主尚無「血緣」紐帶關係,天帝與君主是兩分的,君主只是去服從天帝的命令,代天行事,即所謂「有夏服天命」。到了殷商,統治者繼承和發展了夏的天命觀,不同的是,天帝與君主已攀上了「血緣」紐帶關係,人間的君主乃天帝之子,代表天帝來統治人間,即所謂「帝立子生商」(《詩經·商頌》)。天帝在天上,故稱「上帝」;「天之元子」來人世做帝,故稱「下帝」或「王帝」。於是,天上之帝與天下之帝被合而為一,成了一家人,故作為「下帝」的商朝統治者獨享

---

[003]《馬克思恩格斯全集》,第 27 卷,人民出版社,第 436 頁。
[004]《馬克思恩格斯選集》,第 3 卷,人民出版社,第 355 頁。

第二章　天命思想：從蒙昧到理性

「步於上帝」(《尚書大傳》)的特權。生前，商王可以透過祭祀和占卜獨自與皇天上帝往來，如殷墟甲骨卜辭記載有：「甲辰，帝其令雨？」(甲辰那天，上帝要命令下雨嗎？原文見《殷墟文字乙編·6951片》)「帝其令風？」(上帝要命令颶風嗎？原文見《殷墟文字乙編·3092片》)「帝其降堇(饉)？」(上帝要降予饑饉嗎？原文見《卜辭通纂·373片》)「帝降食受(授)又(佑)。」(上帝賜給我們吃的，保佑我們。原文見《殷墟文字乙編·5296片》)「伐吾方，帝受我又？」(征伐吾國，上帝保佑我們嗎？原文見《卜辭通纂·369片》)「王封(建)邑(城)，帝若(諾)。」(君王建築城邑，上帝已答應了。原文見《卜辭通纂·373及374片》)「我其巳宁，乍(則)帝降若(諾)；我勿宁，乍(則)帝不降若(諾)。」(我免宁的職務，上帝是應允的；我不免宁的職務，上帝是不允許的。原文見《卜辭通纂·367片》)。可見，商王不論什麼事情都要卜問上帝，並由卜、史、巫、祝這些禮神官根據鑿灼甲骨出現的裂紋形狀來判斷上帝的答覆。死後，商王則可回到上帝身邊，即「賓」於上帝。正是由於殷商統治者把自己視為「天之元子」，使得殷商的統治充滿了神鬼之氣。《禮記·表記》說：「殷人尊神，率民以事神，先鬼而後禮。」《尚書表注》說：「商俗尚鬼。」這些說法都是符合實際的。

關於殷商的天命觀是否是「神人合一」，學術界看法不一。郭沫若認為：殷人已有至上神的觀念，起初稱帝，後稱

一、夏殷蒙昧主義的天命觀

上帝,殷周之際又稱「天」。這個「上帝」或「天」就是殷民族的祖宗神,也就是卜辭中的「高祖夔」。把自己的祖先移到天上,成為天上的至上神,這是殷人獨自的發明[005]。侯外廬也認為殷人所尊崇的是祖宗一元神,只是到了周人那裡,才把一元神改為二元神(天神和祖宗神)。

陳夢家則認為:殷人的崇拜可分為三類,一是天帝崇拜,二是自然崇拜,三是祖先崇拜。從卜辭中看,尚無以天帝為其高祖的信念,上帝只是掌管自然天象的主宰,實為農業生產的神,上帝和人王不是父子的關係。人不能直接向上帝求雨祈年,而是透過先公先王和神祇向上帝求雨祈年的。天、天命和天子的觀念是西周才出現的(《殷墟卜辭綜述》第十七章)。任繼愈認為:殷王與天神並無血統關係,不能把自己稱為天子,殷王也不能直接向天神祈禱,而是委託自己的祖宗神傳達。到了周代,天神觀念才產生了變化。周人把天神想像和說成無限關懷人世統治的、有理性的最高主宰,和祖宗神一樣,是與自己同類的善意的神。這個天神不再像殷人那個天神是與人們相對立的盲目支配力量,而是和最高統治者結成了親密的關係,把他們當作自己的嫡長子,選派他們統治疆土、臣民。因此,周代才出現了天子和天命的觀念,周王可以自稱為天子。所謂天子,也不是從血統的意義上說

---

[005] 郭沫若著:〈先秦天道觀之進展〉,見《青銅時代》,商務印書館1936年版,第9〜22頁。

第二章　天命思想：從蒙昧到理性

的，而是著重於政治和道德的意義。[006]

根據前面的分析，我們認為殷人的天命觀確實是實現了「神人合一」。如果不是因為這種「神人合一」的絕對天命觀，則很難理解殷紂王為什麼在大難當頭時還滿不在乎地說什麼「我生不有命在天」（《尚書·西伯戡黎》）。既然殷王是上帝之子，那天下俗人能把他殷王怎麼樣呢？所以，從紂王的所作所為以及他在大難當頭時的滿不在乎的態度可以斷定，紂王是把自己視為「天之元子」。至於所謂「天子」的稱謂是周代才出現的說法，我們認為是值得商榷的。據《尚書·西伯戡黎》記載：祖伊聽到西伯戰勝黎國後十分恐懼，「奔告於王。曰：天子，天既訖我殷命」。這裡，祖伊明確稱紂王為「天子」。有人根據「天既訖我殷命」的語句，預先知道殷朝的滅亡，於理未合，因而斷定該文為後人追記。其實，根據上下文，祖伊之所以斷定殷朝天命已盡，一是根據殷王「淫戲用自絕」已造成百姓「不有康食」（沒有飯吃），「民罔弗欲喪」（老百姓沒有不想殷王早些滅亡的），已違背天命；二是根據「格人元龜，罔敢知吉」，即用大龜占卜，始終沒有遇上吉兆，所以才斷定殷朝氣數已盡。這也符合殷人凡事均要靠占卜來預測的習俗。因而祖伊斷言殷朝天命已盡並非「於理未合」。在《尚書·微子》中，身為紂王哥哥的微子不是也斷言殷朝天命已盡嗎？他說：「今殷其淪喪，若涉大水，其無津

---

[006] 任繼愈，孔繁等著：《中國哲學發展史》，人民出版社 1983 年版，第 94 頁。

一、夏殷蒙昧主義的天命觀

涯。殷遂喪,越至於今。」退一步說,即使該文為後人追記,相隔時間也不會太長,絕不至於把對殷王的稱謂都搞錯。

此外,我們也可從有關殷人的一些神話傳說中窺見和印證其「神人合一」的天命觀。

在許多關於殷人的傳說中,都把殷人的始祖契說成是神鳥所生。《呂氏春秋·音初》云:「有娀氏有二佚女,為之九成之臺,飲食必以鼓,帝令燕往視之,鳴若謚隘,二女愛而爭搏之,覆以玉筐,少選,發而視之,燕遺二卵北飛,遂不反。」高誘注:「帝,天也,天令燕降卵於有娀氏女,吞之生契。」《史記·殷本紀》云:「殷契,母曰簡狄,有娀氏之女……見玄鳥墮其卵,簡狄取吞之,因孕生契。」《詩·商頌·玄鳥》也云:「天命玄鳥,降而生商,宅殷土芒芒。」類似的說法還有許多,不再贅述。如果說殷人把自己的始祖契視為神鳥之後,那與上帝這個天上的至上神又有何關係呢?為說清這個問題,還得先說明神鳥與日神的關係。

在中國古代神話傳說中,神鳥總是和太陽連繫在一起的,即有「陽鳥」之說。《山海經·大荒東經》云:「湯谷上有扶木,一日方至,一日方出,皆載於鳥。」《楚辭·天問》云:「羿焉彈日,烏焉解羽。」《淮南子·精神訓》云:「日中有一鳥,而月中有蟾蜍。」《藝文類聚》引劉向《五經通義》云:「日中有三足鳥,月中有兔與蟾蜍。」「陽鳥」之說在考古發現中

039

第二章　天命思想：從蒙昧到理性

得到證實。2001年在成都市金沙村發現的古蜀國遺址，距今約3,000多年，文化堆積年代從商代晚期至春秋時期，主體遺存在商代晚期至西周前後。在「金沙遺址」發掘出大量金器、銅器、玉器、石器及數以噸計的象牙和上億片陶片，與「三星堆」文物相似。其中有一件非常精美的「金四鳥繞日箔飾」，直徑12.5公分，厚0.02公分，圖案似一幅現代紙剪作品，分為內、外兩圈。內圈是一個旋轉的火球，象徵太陽，外圈等距分布著四隻展翅飛翔的神鳥。以筆者觀之，神鳥極似傳說中的鳳凰，12條美麗的鳳尾構成太陽的12道光芒，象徵一年12個月和一天12個時辰；四隻鳥正好分別象徵一年四季。四隻鳥圍繞太陽飛翔，周而復始，循環往復，生生不息，體現了遠古先民對神鳥和太陽的崇拜；箔飾構圖流暢，極富韻律，充滿強烈的動感，表達了古代先民對生命和運動的謳歌；而神鳥與太陽合一，又似有「鳳凰涅槃」之寓意。不僅中國有「陽鳥」之說，外國神話中也有類似說法，如埃及就有「太陽鳥」之說，敘利亞也有「鳥負日」之說。

　　如果說神鳥就是「陽鳥」或「日神」，那麼又與上帝這個至上神有何關係呢？據何崝的《商文化窺管》考證，殷人崇拜的日神和上帝是同一個神。《禮記·郊特性》云：「郊之祭也，迎長日之至也，大報天而主日也，兆於南郊，就陽位也。」鄭注：「天之神，日為尊。」「大報天而主日」，這表明至上神天與日為一體，鄭注所云，等於是說日神為天帝。據何崝考

證，在埃及、印度、伊朗等國的神話傳說中，造物神、至上神或者本身就是太陽神（如埃及神話中的拉——哈拉克特）；或者其眼睛為太陽（如古印度的伐樓拿、古波斯的密特拉、伊朗的阿胡拉·馬茲達、希臘的宙斯、日爾曼的歐丁），而太陽神又往往是至上神眼睛的人格化（如古印度的蘇利耶、古希臘的海利歐斯、日爾曼的太陽女神）。可見這些不同民族都有把太陽神視為至上神的觀念，這也進一步說明何崝提出的「殷人上帝、日神同一說」的看法是不無道理的。

這樣一來，我們不難歸納出以下關係：

上帝（至上神）→太陽神→神鳥→殷的始祖（契），這樣，我們就從神話傳說中找到了殷人把殷帝視為「上帝之子」的邏輯根據。張立文先生也提出類似觀點，他認為：「殷代，帝這個範疇不僅是多神崇拜的抽象，而且是世界萬物的創造者。同時，上帝又被認為是統治者的祖先，並由臣正組成帝廷。」[007] 錢杭也在《周代宗法制度史研究》中透過考證提出：「我將祖先崇拜觀念分為兩種類型，一是『祖神合一』，一是『祖神分離』。所謂祖神合一，是就祖先以神靈的面貌出現而言，它與今人的關係是神祕的感應；而祖神分離則與此相異，它體現出道德的教化。前者若是殷代的特徵，後者是西周的特徵。」[008] 我們之所以要不厭其煩地論證殷商的天命觀是「神

---

[007] 張立文著：《中國哲學範疇發展史》，中國人民大學出版社1988年版，第68頁。
[008] 錢杭著：《周代宗法制度史研究》，學林出版社1991年版，第106頁。

第二章　天命思想：從蒙昧到理性

人合一」的天命觀，也就是為了分析周公天命觀改革的意義。

綜上所述，我們把夏殷時代的天命觀概括為「蒙昧主義的天命觀」。為什麼把它定性為「蒙昧主義」，我們將在闡述了周公天命觀後再做比較分析。

二、周公理性主義的天命觀

學術界有些人認為，周公並沒有真正的天命思想，周公的天命觀只是用來麻痺殷遺民的精神鴉片，用它來神化周人的統治權威，至於周公本人並不相信天命。這些人還援引恩格斯的一段名言為自己的觀點作證，恩格斯說：「一切宗教，不是別的，正是日常生活中支配著人們的那種外界力量在人們頭腦中的幻想的反映，在這反映中，人間的力量，採取了非人間力量的形式。」[009] 周公本人究竟相不相信天命呢？我們還是先來看看周公自己的言行再作結論吧！

今文《尚書》是學術界公認的比較可靠的典籍，其中關於周公言行的十一篇記載幾乎都充滿著周公的天命觀思想，下面不妨作些摘引[010]：

據《尚書・金縢》記載，在武王克商第二年，武王患病，身感不適。周公以自己的生命作質，設下祭壇，祈求大王、

---

[009] 恩格斯：《反杜林論》，人民出版社 1956 年版，第 33 頁。
[010] 王世舜譯注：《尚書譯注》，四川人民出版社 1982 年版。

二、周公理性主義的天命觀

王季、文王的在天之靈,請求代替武王去死。史官記載了周公禱告時的祝詞,祝詞說:「你們的長孫生了重病,假若你們三王的在天之靈得了什麼疾病,需要做子孫的去扶持你們,那就讓我姬旦來代替你的長孫吧!我仁德而又伶俐乖巧,什麼才能都有,能夠很好地侍奉鬼神。你們的長孫不像我這樣多才多藝,不能侍奉鬼神。他在上帝那裡接受任命,按照上帝的意旨正在統治四方。因而你們子孫的統治權才這樣在人間確立下來,四方的臣民無不既尊敬又害怕。唉!不要毀掉上天所降下的寶貴大命吧!這樣我們的先王也就永遠有所皈依了。現在我就透過龜卜來接受你們的命令了,假若你們答應了我的要求,我就拿著璧和圭死去,等待你們命令;假若你們不答應我的要求,那我就把璧和圭拋掉。」卜出的結果都是吉兆。第二天,武王的病就好了。靠禱告、占卜治好武王的病固然是不可信的,但是從周公的祝詞中看出周公相信天命則是無可疑義的。周公相信有一個萬能的上帝在支配著人世間的命運,任何人都不能違抗上帝的旨意,否則,上帝就會動怒,就會警告、懲罰人世。該文還記載了這樣一件事:周公本是秉上帝的意志平「管蔡之亂」,維護周政權,卻遭到成王的不理解和反對。結果,上帝就動怒了,在秋收季節,雷電交加,狂風大作,大樹被連根拔起,莊稼都被吹倒了。國內的人都十分恐慌,成王和大夫們趕緊打開周公占卜時裝祝詞的匣子,發現了周公對周王朝的忠誠,於是成王改變了

第二章　天命思想：從蒙昧到理性

對周公的看法，親自出城迎接周公。結果，狂風按相反的方向颳去，颳倒的莊稼又都重新站了起來，吹倒的大樹也被太公、召公派人重新扶起來，這一年的收成特別好。

秋高氣爽的季節發生雷電交加、狂風大作的現象雖然很反常，但畢竟是自然界在特定條件下產生的自然現象，古人無法知道引起異常自然現象的原因，很自然地把它視為上帝表達意志的一種方式。周公雖然是個高明的政治家和思想家，但也不可能超越時代的局限，他也必然從內心相信有一個支配人世間命運的上帝存在。因此，在做一件事情，特別是重大事情之前，透過占卜了解上帝的意旨是非常重要的。

例如，武王死後，管叔、蔡叔聯合武庚叛亂，對此是否應該進行武力平叛，當時周統治集團內部意見極不統一，不少人對武力平叛持反對態度，認為管、蔡之亂乃王室內部之矛盾，且天下民心不穩，不宜征戰。周公為此而用「大寶龜」進行了占卜，得到了實行武力平叛的吉利卜兆，並以此來說服反對武力平叛的人。《尚書·大誥》詳細記載了周公對各國諸侯及各級官吏的講話，可以說這是一篇典型反映周公天命觀思想的典籍：

王（周公）說：「啊！我要鄭重地向各位諸侯國君和你們的官吏宣布命令。不好了！上帝把大禍降給我們國家，災禍在繼續發展，沒有停息。現在我替年幼的姪子執掌我們永恆

二、周公理性主義的天命觀

的權柄。我卻沒有遇到明智的人,把我們的人民引導到安全的境地,何況說了解天命的人呢?

「唉!我的處境就好像渡過深淵那樣危險,我只好到上帝那裡去尋找度過難關的辦法了。擺下占卜用的大寶龜吧,讓它來宣布我們的前輩是怎樣在上帝那裡接受任命的。這樣的大功,是不應當忘記的。我不敢隱藏上天的威嚴意旨,用文王遺留給我們的大寶龜進行占卜,我們就可以問清上帝的用意了。結果就得到卜辭,說:『西方會有很大的災難,西方人也不會平靜。』於是這些叛亂的人更加蠢蠢欲動。殷的餘孽竟然敢妄圖恢復他們的統治地位。上帝向我們降下了災難,他們知道我們國家因為這種災難,人民很不安寧,竟然說『我們要恢復我們的統治』,反而更加看不起我們周國。現在他們發動叛亂了,有的地方的人民回應他們這種叛亂。但只要有十個人做我的助手,那我就可以平定叛亂,完成文王、武王所力圖達成的功業。我現在要發動平定叛亂的戰爭,這樣做究竟好不好呢?我的占卜結果告訴我這樣做是吉利的!

「因此,我要告訴我們友邦的國君以及各位官員說:『我得到了吉利的卜兆,我要率領你們去討伐殷國那些發動叛亂的人。』可是,你們這些國君和你們的許多官吏,都反對我的意見,說:『困難太大了,民心也很不平靜,那些發動叛亂的人有的就在王宮裡和邦君的家裡,他們是我們的長輩,不應當去討伐他們。王啊!你為什麼不違背占卜結果呢?』

第二章　天命思想：從蒙昧到理性

「現在我應當為我們年幼的王，慎重地考慮出征的困難，唉！實在是這樣，一旦發動戰爭，就要驚擾千家萬戶，包括那些無夫無妻的人，這實在是令人哀痛！我們遭到天災，上帝把非常嚴重的困難投到我以及我們幼主的身上，我不能只為自身的安危憂慮。我猜想各位國君和你們的官吏們，也會這樣勸告我：『不應當過分地操勞於自己的安危，不應不去完成你的父親文王所沒有成就的功業。』」

「唉！我想我是文王的兒子，我不敢廢棄上帝的命令。上天嘉獎文王，使我們這個小小的周國興盛起來。文王透過占卜，繼承了上帝所授的大命。現在上帝命令臣民幫助我們，何況我們又透過占卜了解到上帝的這番用意呢。唉！上帝的這種明確的意見，人們應該敬重，還是幫助我加強我們的統治吧！」

……

王說：「唉！努力吧，各位諸侯國君以及你們的官吏們，要把國家治理好，就必須依靠聖明的人，而只有十個聖明的人才會了解上帝的意旨。上帝在誠心誠意地幫助我們周國，你們是不敢侮辱上帝的決定的。今天，上帝已經把這個決定下達到我們周國了，那些發動叛亂的人卻勾結殷人討伐自己的同宗。你們知道天命是不可改變的！

「我長時期地在考慮：上帝是要滅掉殷國的。譬如種莊稼的農民，為了使莊稼長得好，總要把田畝中的雜草完全除

二、周公理性主義的天命觀

掉。我怎敢不像農民那樣，除惡務盡呢？上帝只贊助我們的前輩文王，我怎敢放下卜兆，怎敢不遵從上帝的意旨和文王的意圖，而不去保衛我們美好的疆土呢？何況今天的占卜結果都是吉利的，因此我一定要率領各位諸侯國君東征。上帝的命令是不會有差錯的，占卜結果就清楚地說明了這一點。」

以上所引不難看出，周公篤信王朝的興廢更替、社會的動亂安寧、個人的禍福命運，都是被萬能的上帝所主宰的，絕非僅僅做做樣子，用以欺騙人民和王公貴族。那麼，又該怎樣理解上述恩格斯的那段話呢？我們認為，恩格斯那段話主要是從馬克思主義的立場出發，用辯證唯物主義的觀點來揭示宗教產生的根源和實質。這段話揭示了宗教產生的社會根源，即階級壓迫和剝削，這是一種使廣大下層群眾感到窒息而又無法擺脫的人間統治力量。以幻想的形式，藉助天國的力量來懲惡揚善，以求得心理上的慰藉和寄託希望，這就是一切宗教賴以產生和廣為流傳的社會基礎。這是一種小孔成像式的「顛倒反映」，因為人間的統治力量是不公正的邪惡力量，而天國的統治力量是懲惡揚善的正義力量。宗教由被壓迫人民或民族創立，以後又被統治者利用，這是西方社會的一般情況。中國古代雖沒有形式化的宗教，但宗教意識的普遍存在是無疑的。周公儘管是一個傑出的政治家和思想家，但是他不可能超越時代而跳出宗教神學的藩籬。周公的高明之處在於他利用了當時這種普遍存在的宗教意識，把它

第二章　天命思想：從蒙昧到理性

和王朝統治連繫起來，用它來論證王朝統治的合法性。至於王朝統治與天國的連繫何在，周公當然不可能找到這種不存在的連繫，他卻相信上帝的意志是可以透過占卜來了解的。所以占卜吉凶不僅是殷代統治者，也是周代統治者行事之前的一項非常重要而虔誠的儀式。有些人認為，周公自己就說過「天不可信」（《尚書‧君奭》），可見周公是不相信天命的。其實，只要將周公的原話引完，就不難看出所謂「天不可信」的真正含義了。周公的原話是：「天不可信，我道惟寧王德延，天不庸釋於文王受命。」就是說，天不可信，我們只有努力發揚文王敬德保民的光榮傳統，上天就不會廢棄由文王所接受的天命了。可見，周公還是落腳於「天命」上，所謂「天不可信」乃是告誡召公不要像紂王那樣死抱著「我生不有命在天」的觀念不放，這樣的絕對天命是不可相信的。能否接受和保住天命，關鍵要看君王自己的主觀努力，這正是周公天命觀與先前天命觀的重要區別。下面我們做一些分析：

夏、商的天命觀是絕對排斥「人為」的主觀因素的。人在命運面前是無能為力的，人的一切早已由上帝安排好了。《尚書‧西伯戡黎》記載了這樣一件事：周在經過太王（古公亶父）、王季（季歷）、文王（姬昌）三代經營後，已從一個落後的小國發展成為一個實力較強的國家。而殷商政治日益腐敗，階級矛盾日益加深，老百姓怨聲載道，民不聊生。武王在這種形勢下開始向東擴充自己的實力。首先是向殷的諸

二、周公理性主義的天命觀

侯國黎國發動進攻,並戰勝了黎國。消息傳來,祖伊十分恐懼,趕快把這件事向殷紂王報告,並告誡紂王不要沉湎於酒色享樂之中,以免自絕於天命。紂王聽後不以為意,根本不把祖伊的警告放在眼裡,反而認為「我生不有命在天」。大難臨頭了,殷紂王卻還死抱著天命不可改變的觀念,終於落得個喪邦殪族的下場,足見他的天命觀是完全排斥主觀能動性的,對上帝的信奉是絕對的、無條件的。

周公的天命觀則是不排斥「人為」的主觀因素的,這是中國古代天命觀上的一個重要轉變。周公的這種思想主要體現在他的「以德配天」學說中。《尚書‧多方》是周公代表成王所釋出的誥令,周公在誥令中詳細分析了夏、殷之所以滅亡的原因,集中反映了他的「以德配天」思想,現摘引如下:

周公傳達周王的命令說:「啊!告訴你們四國和各地諸侯,以及治理臣民的官長們。我要特地向你們下達命令,希望你們認真了解命令的內容和精神。

「看那夏代閉塞了上天的命令,常常不恭敬地對待祭祀,不把祭祀放在心上。雖然上帝為夏降下了深知天命的人,但夏王縱慾享受,不肯用好話去慰告人民,而是日益淫逸昏亂……由於這些原因,上天便為老百姓尋求好的國王,於是便降下了光榮而美好的大命給成湯,成湯遂滅掉夏國。

「上天不把大福賜給他們,這是因為那些地方諸侯的大臣,不努力為百姓造福,只知殘暴地對待臣民,甚至作惡多

第二章　天命思想：從蒙昧到理性

端，無所不為，不能解除百姓的痛苦。因此，他們之中有些雖然是賢臣，也和那些佞臣一樣失去夏國的祿位。

「由於這樣，所以成湯能夠受到你們四方諸侯的擁戴，代替夏桀做臣民的國王。現在到了你們的國王，不能帶領你們四方諸侯永享上天賜予的大命，實在是可嘆啊！

「王說告訴你們四方諸侯，並不是上天要捨棄夏國，也不是上天要捨棄殷國，而是因為你們的國王和你們四方諸侯，行為過度放肆，又閉塞了上天的命令，還振振有詞地為自己的罪行辯護，所以上天捨棄你們。由於夏國政治黑暗，又不能很好地祭祀上天，所以上天才降下這樣的大禍，並讓殷國代替夏國。也因為你們商的後王縱情享受，政治十分黑暗、閉塞，祭祀的貢品很不乾淨，所以上天才降下這樣的大災給你們。

「雖然本來是賢德的人，但如果不把上天的意旨常常放在心上，就可能變成狂悖而不通事理的人；雖然本來是愚昧無知的人，但如果能把上天的意旨常常放在心上，就可能變成賢德的人。上天為使殷紂悔悟，等待了五年的時間，讓他在這五年中繼續做國王，但是他仍然不考慮、不聽從上天的教誨。上天也以這樣的想法要求你們四方諸侯，並且大大顯示出他的威嚴，來開導你們考慮上天的命令。只有我們周國的國王，很好地秉承上帝的旨意，廣布德教，以德教主持上天所賜予的大命。因此，上天經過選擇，把原來給殷的那美好

二、周公理性主義的天命觀

的大命轉過來賜予我們，讓我們根據上天的命令來治理你們四方諸侯。……」

從上述摘引不難看出，周公的天命觀之所以十分強調「人事」，強調執行天命的國王要兢兢業業、以德配天，完全是他從夏、殷的滅國教訓中總結出來的經驗。在周公看來，夏的滅亡不是上帝有意讓夏滅亡，而是由於夏的後王不按上帝的意旨去行事，既不把祭祀放在心上，又荼毒百姓、淫逸昏亂、為非作歹，完全拋棄了上帝的重託，故上帝只好將光榮而美好的大命賜給成湯，以「代夏作民主」。同樣，殷的滅亡也是因為殷的後王荒淫無恥，政治黑暗。儘管上帝對殷格外仁慈，給了殷紂五年的時間讓他悔悟改正，但殷紂仍不思悔改，繼續作惡，上帝就不得不滅掉殷，讓周來取代之。所以周公認為：「皇天無親，唯德是輔。」（《左傳》僖公五年引《周書》）在周公眼裡，天命並不是固定不變的，關鍵是要看代天行命的國王能否「修德慎罰」，勤於朝政。因此周公告誡即將到殷舊地上任的年輕的弟弟康叔（封）：「嗚呼！肆汝小子封惟命不於常，汝念哉！」（《尚書‧康誥》）

綜上所述，周公「惟命不於常」的天命觀表現出兩個顯著特徵：第一，周公的天命觀實現了「神人相分」；第二，周公的天命觀融入了道德內涵。下面就這兩個特徵做一下粗淺分析：

第二章 天命思想：從蒙昧到理性

首先，為什麼說周公的天命觀是「神人相分」？「神人相分」的意義何在？如前所述，殷商把上帝視為自己的祖先，因此，上帝崇拜和祖先崇拜是合一的。但是，在周人的祖先崇拜中，從來就沒有把自己的祖先視為神或上帝的後裔。周人起源的傳說是這樣描繪他們的始祖棄的誕生的：棄（后稷）的母親姜嫄是有邰氏女，有一次，姜嫄在野外踩了巨人的足跡而懷孕並生下一個男孩。她把這個男孩扔到野外，結果出現了許多奇異現象：孩子得到了馬、牛和飛鳥的保護，不僅沒餓死，反而健康地活了下來。姜嫄認為是神靈在保佑他，便把他抱回家養育。因為曾經拋棄過他，便為他取名為「棄」（后稷）。從棄開始，經過15世的發展，到武王姬發才建立起西周王朝。自公劉遷豳之後，周人一直臣服於殷商。周人不僅崇拜上帝、崇拜自己的祖先，也要崇拜殷人的祖先。據周原甲骨卜辭的記載，文王時還在祭祀商王的先祖成湯和帝辛之父帝乙。另有一片編號為HII:84的卜辭記載文王求佑於商先祖太甲，太甲「冊（告）周方伯」豐年富足。可見文王當時還只是商朝的一個「方伯」，對商王稱臣納貢，自然也要祭祀商的祖先。無論是周人的神話傳說，還是甲骨卜辭的記載，以及《尚書‧周書》中關於周公言行的記載，都說明周人的上帝崇拜和祖先崇拜是兩分的。在周公眼裡，上帝並不是殷人的始祖，也不僅僅是殷人的最高主神，而是天下各族人的共同主宰，究竟誰能成為上帝託付「天命」的代理人，要看誰

二、周公理性主義的天命觀

能順應天命，福佑天下人。這個思想集中體現在周公對殷遺民的誥令和訓話中。周公在誥令中分析了天命轉移的原因，他說：「非我小國，敢弋殷命，惟天不畀允罔固亂，弼我。我其（豈）敢求位，惟帝不畀。惟我下民秉為，惟天明畏。」（《尚書‧多士》）就是說，並不是我小小的周國敢隨便奪取殷國的大命，而是上天不把大命給那奸佞而又胡作非為的人，所以才輔助我周國。如果不是上帝要給我天命，我豈敢奪殷之位。上帝是英明而威嚴的，我們下民只有本著上帝的意旨行事。周公接著又分析了商取代夏的原因：「我聞曰：『上帝引逸。』有夏不適逸，則惟帝降格，嚮于時夏。弗克庸帝，大淫泆有辭。惟時天罔念聞，厥惟廢元命，降致罰。乃命爾先祖成湯革夏，俊民甸四方。」（《尚書‧多士》）就是說，夏王不按上帝意旨行事，放縱自己的行為，又不聽上帝的規勸，反而侮慢上帝，所以上帝廢除了夏的大命，降下懲罰。於是命令你們的先祖成湯去完成革夏的使命，讓有才能的人來治理天下。然後，周公也讚賞了成湯和帝乙一番，稱他們無不「明德恤祀」、「保乂有殷」。但是，在此之後的殷王（紂王）卻「誕罔顯於天，矧曰其有聽念。於先王勤家誕淫厥泆，罔顧於天顯民祗。惟時上帝不保，降若茲大喪」（《尚書‧多士》）。就是說，紂王欺騙、侮慢於天，更談不上聽從上天的教導了。在先王辛勤建立起來的基業上，大肆奢侈、腐化，根本不把上天聖明的教導和人民的疾苦放在眼裡。因此，上

第二章　天命思想：從蒙昧到理性

帝就不再保佑殷，對殷降下了喪亡的大禍。透過對歷史經驗教訓的分析，周公得出結論：「惟天不畀不明厥德。凡四方小大邦喪，罔非有辭於罰。」就是說，天不會把大命賜給那些不努力施行德教的人。凡是四方小國或大國的喪亡，沒有不是因為有罪而招致喪亡的懲罰的。

周公對自己的祖先十分尊敬和崇拜，《尚書・金縢》中記載他祭祀「三王」不惜以自己的生命為質。這種祖先崇拜並沒有把祖先「神化」，「三王」就是周公和武王的曾祖（太王古公亶父）、祖父（王季季歷）、父親（文王姬昌），他們都是人而不是神，他們都艱苦創業、「勤用明德」，可供後人學習、仿效。周公在許多地方都歷數了先王的事蹟，甚至對於已被神化的殷人的祖先，周公也將之「人化」。如在《尚書・無逸》中，周公對殷王中宗（太戊）、高宗（武丁）生前勵精圖治的事蹟做了詳細介紹和高度評價。在《尚書・君奭》中又稱讚成湯、太甲、太戊、祖乙、武丁等殷先王實行賢人政治，「故殷禮陟配天，多歷年所」。可見，在周公看來，祖先之所以值得崇拜，不是因為祖先是上帝之後，而是因為他們能很好地秉承神意、順應天命。反之，如果侮慢天命、違背神意，則這樣的先王不僅不值得崇拜，反而應該秉承天命結束他的統治。

以上分析說明周公的天命觀已實現了「神人相分」。那麼，「神人相分」的天命觀有何重要意義呢？

二、周公理性主義的天命觀

第一,「神人相分」是周公「天命轉移」論的前提。如果按照殷人的天命觀,上帝與殷王是「血緣關係」,那「天命」就不可改變,無論殷王如何為非作歹,他仍然是上帝的後裔,誰也改變不了這種血緣關係。這樣一來,周人取代殷人就失去了上帝的支持,違背了天命。只有把上帝這個天上的至上神和人世的最高統治者殷王之間的「血緣紐帶」斬斷,才能為周人取代殷人繼承天命提供神學意義上的支援。這種「天命轉移」的思想實際上是周公歷史運動發展觀的表現。此外,周公「天命轉移」的思想也為以後歷代王朝的興替尋找神學理論支持埋下了伏筆。

第二,「神人相分」的天命觀為人的主觀能動性的發揮開闢了天地。如前所述,殷人「神人合一」的天命觀是一種建立在「血緣關係」基礎上的不可改變的絕對天命觀,它不僅打破了一般臣民、百姓試圖改變命運的幻想,也降低了殷王本人勵精圖治的主觀能動性。從殷商卜辭中可見,上帝除了和殷王保持血緣上的連繫外,根本就與人間無任何情感道德上的連繫。上帝雖然可以「令雨」、「令風」、「降食」,但並不是出自對人世的關懷,而是作為自然神行使其職能。相反,上帝還經常「降禍」、「降堇(饉)」於人世,使世人感到畏懼。李亞農曾指出:「殷人創造的上帝並不單是降福於人,慈悲為懷的慈愛的神,同時也是降禍於人,殘酷無情的憎惡的神。」(《李亞農史論集》,561 頁)其實,在殷人眼裡,上帝與他

第二章　天命思想：從蒙昧到理性

們並無感情上的瓜葛，上帝僅僅是不可捉摸、喜怒無常、高高在上的具有絕對權威的神而已。人在上帝面前只能戰戰兢兢、俯首聽命，還須事事占卜，時時祭祀，諂媚、討好上帝，避免上帝動怒降災。殷王也因其獨占「天子」地位而不思朝政，沉湎於酒色。人的主觀能動性在上帝面前完全被消融殆盡。相反，周公「神人相合」的天命觀由於斬斷了人世與天國的血緣紐帶，神人關係不再是絕對不變的，人要想得到上帝的輔助和恩惠，必須透過自己的主觀努力。這樣，上帝與下帝之間的賜命與受命不再是無條件的了，而必須是有條件的，這個條件就是下帝能否「用康保民」，「明德慎罰」。周公「以德配天」的思想也就由此而生，而「以德配天」的思想則為人的主觀能動性的發揮提供了廣闊的天地。

第三，從認識論角度講，周公「神人相分」的天命論意味著人類抽象思維水準和認知能力的提高。如前所述，殷人「神人合一」的天命觀是一種不講因果連繫的絕對的天命論，完全抑制了人的主觀能動性的發揮，扼殺了人的理性思維的發展，因而是一種蒙昧主義的天命觀。殷人把鬼神看作是以盲目的、必然性統治人類的神祕異己力量，正反映了殷人自己尚處於蒙昧狀態的思維水準。周公「神人相分」的天命觀則把「天命」和「人事」區分開，儘管其出發點仍然是神的意志（天命），但其落腳點是人的主觀努力（人事），這就從殷商蒙昧主義天命觀的藩籬中衝破了一道缺口，為開展自

二、周公理性主義的天命觀

覺的理性認知活動爭得了一席之地。在此基礎上，周公全面總結了夏和殷滅亡的經驗教訓，詳盡分析了「天命」和「人事」的因果關係，力圖從中尋找到社會歷史運動的客觀規律，而且周公已經正確地看到了「人事」才是抓住「天命」的決定性因素。可見，在周公天命論的唯心主義外殼中，已經萌發了一點唯物主義和辯證法思想的芽了。這正如弗拉迪米爾・列寧（Vladimir Lenin）評價蓋歐格・威廉・弗里德里希・黑格爾的《邏輯學》（*Science of Logic*）那樣：「在這部唯心主義著作中，唯心主義最少，唯物主義最多，矛盾，然而是事實。」在以後的論述中，我們將看到的西周以後的唯物主義無神論思想，以及歷史運動發展的辯證思想正是在周公開闢的理性主義地盤上生長發展起來的。因此，我們把周公的天命觀概括為一種「理性主義的天命觀」。

其次，為什麼說周公的天命觀已融入了道德內涵？如前所述，在殷商的天命觀中，上帝對人世的關係只是一種刻板的、冷冰冰的、恆定不變的呼應關係，神權與王權的合而為一阻斷了人的理性思維。天人關係、人人關係被凝固了，作為探究和處理人際關係的道德在這裡毫無立足之地。在周公的天命觀中，天人關係不再是凝固的，由於「神人相分」，在神（天）與人之間有了一個空隙，這就形成了道德萌芽生長的地方，周公「以德配天」的思想由此而生。

周公在《尚書・多士》中說：「惟天不畀不明厥德。凡四

第二章　天命思想：從蒙昧到理性

方小大邦喪，罔非有辭於罰。」就是說，上帝不會把大命賜給那些沒有「德」的人，無論小國或大國的滅亡，都是因為喪德而招致上帝懲罰的。周公進一步分析夏、殷的後王之所以滅亡的原因是：「惟不敬厥德，乃早墜厥命。」（《尚書‧召誥》）相反，「自成湯至於帝乙，罔不明德恤祀」（《尚書‧多士》），所以才能成就其帝業。周公對殷王並不是通通予以否定，而是按其在執行天命過程中是否克慎明德做了區分，這正是周公的高明之處。順理成章，周取代殷就是因為殷紂王喪德而周文王有德，所以上帝才把天命轉移給周人。周公對康叔說：「惟乃丕顯考文王，克明德慎罰，不敢侮鰥寡，庸庸，祗祗，威威，顯民。……惟時怙冒聞於上帝，帝休，天乃大命文王殪戎殷，誕受厥命越厥邦厥民。」（《尚書‧康誥》）就是說，由於文王能夠崇尚道德而慎用刑罰，不敢欺侮那些無依無靠的老百姓，注意任用那些有才之人，尊敬那些德高望重之人，懲罰那些有罪之人，並讓百姓了解他的這種治國之道。這種德行後來被上帝知道了，上帝非常高興，就命令文王去滅掉殷，代替殷接受其天命，並統治殷的國家和臣民。所以，「非我小國，敢弋殷命，惟天不畀允罔固亂，弼我」（《尚書‧多士》）。

在周公的天命論中，不僅接受天命的帝王應具備深厚的德行，就是黎民百姓也應修養自己的德行。如果「我民用大亂喪德」，必然導致「天降威」（《尚書‧酒誥》）。周公進一步

二、周公理性主義的天命觀

分析了亂行喪德的根本原因就是酗酒。由於當時酗酒成風，已成為嚴重的社會問題，所以周公頒布了〈酒誥〉和戒令，規定諸侯國君只有在祭祀時才可適量飲酒，並告誡臣民包括年輕人不要「湎於酒」，這樣才能夠避免因酒喪德而「天降威」。可見，周公已把老百姓的德行融入了他的天命論中。

由於在周公的天命論中融入了道德內涵，因而上帝也不再是高高在上的、冷漠無情的神，上帝已變成一個十分關心人世間黎民百姓疾苦的仁慈的神了。「天視自我民視，天聽自我民聽」，「民之所欲，天必從之」（《左傳》哀公三十一年引〈泰誓〉）。上帝將根據民情來決定是否從統治者那裡收回天命，「天畏（威）棐（非）忱，民情大可見」（《尚書·康誥》）。所以周公引用古人的話來告誡康叔：「人，無於水監，當於民監。」（《尚書·酒誥》）就是說統治者不要以水為鏡，要以民為鏡，要關心子民的疾苦。如何才能了解民情呢？周公指出：「君子所其無逸。先知稼穡之艱難，乃逸則知小人之依（隱）。」（《尚書·無逸》）就是說統治者不要貪圖逸樂，要先知道種莊稼之艱難，才能在安逸之中了解種田人（小人）的隱情。所以，周公要求成王身為統治者要「無淫於觀、於逸、於遊、於田，以萬民惟正之供」（《尚書·無逸》）。就是說，統治者不要把老百姓的貢稅浪費於觀賞作樂、遊玩田獵上，否則就會遭到老百姓「厥心違怨」、「厥口詛祝（咒）」。如果真的遭到老百姓的怒罵，那統治者就該「皇自敬德」，認真修養德行了。

第二章 天命思想：從蒙昧到理性

周公將道德融入天命論中，並用道德來約束君王與臣民，對西周的政治體制產生了極大影響。殷商政治與其蒙昧主義天命觀是相適應的，是一種君主專制政治，臣民對君主絕對盲從，君主則不受任何法律的、道德的行為準則的制約。西周的君主雖然也不受法律準則的約束，但受到「以德配天」的道德上的約束，臣民對君主也可以進行道德上的褒貶。君主的絕對權力終於受到道德的約束，君主不能像殷紂王那樣只知道飲酒作樂、貪圖享受，而必須承擔起「用康保民」、「敬德裕民」和加強自身道德修養，以身作則，以德教來治理人民兩項職責。這是用古代宗法倫理思想來改造君主專制政治，開了中國特有的「宗法政治」之先河。這種將政治倫理化的宗法政治思想被後來的儒家所繼承，成為一種「德治主義」思想，對中國封建社會產生了極為深遠的影響。對此，將在「周公的政治思想」一章中展開分析，此處不再贅言。

三、周公天命觀對後世的影響

周公的天命觀在蒙昧主義天命觀的藩籬中打開了一個缺口，為人的理性思維的發展和人的主觀能動性的發揮，開闢了一塊地盤。後世各式各樣的天命觀都是在這塊地盤上生長、發展起來的，在不同程度上吸收了周公天命觀的某些思想養料，又在不同程度上或批判或發展了周公的天命思想。

三、周公天命觀對後世的影響

尤其是周公提出的「天命」與「人為」（人事）的關係問題，可以說成為綿延中國幾千年的天命世界觀的基本問題。根據對「天人關係」問題的不同回答，大體上可以把中國歷史上的天命觀劃分為三大派別，即「天命決定論」、「非命論」和「盡人事而待天命論」。

首先，我們來分析「盡人事而待天命」的天命觀。這是以孔子為代表的儒家天命觀對周公天命觀的正面繼承和發展。

眾所周知，孔子一生中最崇敬的人物就是周公。孔子年輕時就十分讚羨「周公之才之美」（《論語・述而》），並不時「夢見周公」（《論語・述而》），還曾親赴周室考察、學習周禮。周公的天命思想必然對孔子產生了十分重要的影響。當然，孔子對周公的思想絕非囫圇吞棗，而是經過自己的細嚼慢嚥，消化吸收。對於周公的天命思想，孔子前半生主要是吸收其「重人事」的思想，對「天命」尚處於將信將疑、探索認識的階段，直到五十歲以後才真正理解了天命的存在。

孔子出身貧寒，不得不在少年時期就走向社會，自食其力，當了一名吹鼓手，專為貴族舉辦冠、婚、喪、祭等儀式，並在無禮儀活動時為人家做一些雜役，以維持生活。正如他自己所說：「吾少也賤，故多能鄙事。」（《論語・子罕》）他十五歲才「志於學」，由父母託人帶他去魯國學習周禮；十八歲替人看管倉庫，後又替人飼養牛羊。孔子不管做什麼

第二章　天命思想：從蒙昧到理性

都「執事敬，與人忠」(《論語‧子路》)。他二十歲時母親去世而回家守喪，並開始辦私塾，研究和評議時政，因切中時弊而受到魯國朝野的注意，頗得人心，後因季孫讒言誣陷而被逐出魯國。孔子遂來到齊國謀政，這一年孔子二十六歲。這次赴齊未被任用，他只好又回魯國辦學。三十四歲時，孔子又赴周室徹底考察周禮，大大開闊了眼界，讚嘆曰：「周監於二代，郁郁乎文哉！吾從周！」(《論語‧八佾》)此後，孔子名聲大為提高，學生也增多。於是，孔子再赴齊謀政，但又未成功，只好又回魯國治學。魯定公八年（西元前502年），陽虎叛亂失敗後逃往國外，其部屬公山弗擾又在費邑叛亂，並召孔子前往。孔子一直謀政不成，便想利用此次機會到費邑恢復和發展周文化。由於學生子路的勸阻，孔子最終未去，而公山弗擾的叛亂很快就平息了。孔子險些被捲進這場災難，這一年孔子剛好五十歲。孔子在驚魂未定時，又被魯定公任用為「中都宰」。正是這種福禍難測的經驗，使孔子「五十而知天命」，改變了過去「敬鬼神而遠之」的態度。孔子提出，君子有「三畏」，首先就是「畏天命」，「不知命無以為君子也」(《論語‧堯曰》)。又說：「道之將行也與，命也；道之將廢也與，命也。」(《論語‧憲問》)

孔子理解到天命存在以後，內心必然是十分矛盾和痛苦的：一方面，天命是非人力所能抗拒的，人只能順應天命；另一方面，儒家自強不息的精神，「以天下為己任」的責任

三、周公天命觀對後世的影響

感又激勵著孔子去奮鬥、去努力,甚至「知其不可而為之」(《論語·憲問》)。

現代認知心理學認為,人總有一種要保持各種認知間協調一致的趨向和動機。如果認知間產生了不協調,人就會感到緊張或不適,就會產生一種消除這種不協調的內驅力。正是這種內驅力促使孔子在「天命」和「人事」的矛盾衝突中,改變了原有的認知態度,盡量消除「天命」和「人事」的對立因素,盡量協調天命和「人事」的統一。經過這種「認知協調」,使孔子在六十歲時達到了「耳順」的思想境界。何謂「耳順」?有的學者解釋為:「到了六十歲對事情可以不費力地明辨其是非」[011];有的學者則理解為:「六十歲能順從天命」[012]等等。我們認為,孔子在協調了「天命」與「人事」的矛盾後,把個人的努力與天命連繫起來,個人的一切德行不再屬於個人,而是代表了上天的意志,「小我」改變成替天行命的「大我」。普通個人十分在意的榮譽、恥辱、命運、幸福等,在已變成「大我」的孔子面前已變得無足輕重了。所以,一切反對自己的逆耳之言,孔子能泰然順之,一切不利於自己的逆境,孔子能安然處之,這就是「耳順」的境界。據史料記載,西元前492年,孔子帶領學生從衛國到陳國去,在經過宋國國境休息時,宋國大夫桓魋曾因「僭越」行

---

[011] 任繼愈主編:《中國哲學史》,人民出版社1979年版,第76頁。
[012] 北京大學哲學系一九七〇級工農兵學員撰:《論語批注》,中華書局1974年版,第26頁。

第二章　天命思想：從蒙昧到理性

為受到孔子批評，於是帶領一班人馬趕來報復孔子。孔子正在一棵大樹下休息，他們砍倒了那棵大樹，還揚言要殺死孔子。學生們趕緊簇擁著孔子逃離是非之地，豈料孔子鎮靜自如地說：「天生德於予，桓魋其如予何！」（《論語・述而》）已變成「大我」的孔子早已把個人的生死置之度外，何況他自詡負有上天賦予的聖德和使命呢！在孔子眼裡，桓魋不過是一個違反周禮、違抗上天意志的凡夫俗子，能把孔子怎麼樣呢？儘管如此，學生們怕再惹麻煩，為孔子換了一身普通老百姓的衣服，「微服而過宋」（《孟子・萬章上》）。直到出了宋國國境，弟子們才又聚在一起。子貢告訴孔子說，有人見到孔子微服逃跑的狼狽樣子，譏諷孔子像一條「喪家之犬」。孔子聽到這樣的逆耳之言，不僅不為之惱怒，反而嘻嘻一笑道：「形狀好壞算得了什麼，不過他說我像喪家之犬，倒是真的，倒是真的！」（《史記・孔子世家》）這段史事非常具體地為孔子「六十而耳順」的說法作了注腳。這一年孔子恰好滿六十歲。

孔子五十歲時懂了「天命」，六十歲時進入「耳順」的境界，七十歲時達到了「從心所欲，不踰矩」（《論語・為政》）。也就是個人的思想、行為（人事）與「天命」的要求達到了完全一致。

周公「以德配天」實現了「人事」與「天命」的統一。孔子則是以「禮」（周禮）配天，同樣實現了「人事」與「天命」的

三、周公天命觀對後世的影響

統一。孔子對周公天命觀的一個發展就是把天命從天子的壟斷特權中解放出來，普通個人（指君子而非小人）也能「盡人事而待天命」，普通個人只要能遵循周禮，按周禮行事，並能「非禮勿視，非禮勿聽，非禮勿言，非禮勿動」（《論語·顏淵》），就能合於天命，就能成為君子。

孟子身為儒家的「亞聖」，在周公和孔子的天命思想基礎上又做了進一步的發展。一方面，孟子直接繼承了周公天命觀中包含的重視「民情」的思想，並將它發展成一種「民本」思想。孟子認為，「天子不能以天下與人」，而是「天與之」，「天不言，以行與事示之而已」（《孟子·萬章上》），就是說，王位的傳繼不是由天子來決定的，而是由上天來授予的。由於天不會說話，所以天的意志是透過老百姓的「行」與「事」來表達的。如果新上任的天子能得到老百姓的擁戴，治理好國家，這就表明上天對他的權力和地位的認可。孟子還援引《尚書·泰誓》的話說：「天視自我民視，天聽自我民聽。」孟子以「天下之民從之」、「百姓安之」來解釋天意，把「民心」與「天意」統一起來，這是他的「民本」思想在天命觀上的反映。另一方面，孟子又將孔子關於普通個人（君子）與天命的連繫的思想推進了一步。孟子指出：「匹夫而有天下者，德必若舜禹，而又有天子薦之者，故仲尼不有天下。」（《孟子·萬章上》）就是說，匹夫只要有德也可以當天子，繼承天命。這本是對壟斷天命權的傳統王位繼承制的公開挑戰，遺憾的

第二章　天命思想：從蒙昧到理性

是，孟子又加上了「天子薦之」的附加條件，從而使匹夫為天子成為空想。匹夫儘管當不成天子，但能擔當大任。孟子提出：「天將降大任於斯人也，必先苦其心志，勞其筋骨，餓其體膚，空乏其身，行拂亂其所為，所以動心忍性，曾益其所不能。」（《孟子・告子下》）成才、成功，需要經過艱苦的磨鍊，這個思想不能不說是深刻而合理的。

此外，在「天命」與「人力」關係上，孟子繼承周公、孔子重「人力」的思路，提出了他的「正命」思想。孟子說：「莫非命也，順受其正；是故知命者不立乎巖牆之下。盡其道而死者，正命也；桎梏死者，非正命也。」（《孟子・盡心上》）孟子的意思是，每個人固然都有人力不能抗拒的命運，但是不能因此而胡作非為。儘管人的壽命長短是命中所定，但並非要人們明明看到高牆搖搖欲墜偏要立於其下。真正懂得命運的人對自己的行為是很謹慎的，並努力去「盡其道」（盡人事），最後順天命而死，這就是「正命」。如果死抱著殷紂王「我生不有命在天」那種命定論不放，必將死於非命。所以在孟子看來，「天命」是非人力所能抗拒或改變的，即他所說的「莫之為而為者，天也；莫之致而至者，命也」（《孟子・萬章上》）。但是，如果因此就放棄努力也是不對的，正確的態度應該是「盡人事而待天命」。

最後，孟子在周公「以德配天」、孔子「以禮配天」的思想基礎上提出了一條盡心、知性、知天的認知路線，將天道

三、周公天命觀對後世的影響

與人性統一起來，形成了他的「天人合一」的傳統世界觀。孟子說：「盡其心者，知其性也。知其性，則知天矣。存其心，養其性，所以事天也。夭壽不貳，修身以俟之，所以立命也。」（《孟子·盡心上》）孟子認為「人心」是「天」給的，「盡心」就是充分發揮人的思維、認知能力去發現和擴充內心固有的「善端」（惻隱之心、羞惡之心、辭讓之心、是非之心）。盡心就能知性，即了解人的本性，而人的本性就是「天道」的體現：「惻隱之心」體現了「仁」，「羞惡之心」體現了「義」，「辭讓之心」體現了「禮」，「是非之心」體現了「智」。透過這樣一條認知路線，「天命」就不再是神祕莫測的，而是可以透過「盡心」、「知性」來掌握、理解的了。

荀子身為先秦天人關係思想的總結者，主要是繼承了周公、孔子、孟子的重人事、輕天命思想，同時又吸收了老子、宋尹學派自然天道觀的思想和墨子的非命思想。

荀子首先把「天」看作是列星、日月、四時、陰陽、風雨、萬物等自然變化的現象，否定了「人格神」的天；然後提出「天行有常，不為堯存，不為桀亡，應之以治則吉，應之以亂則凶」（《荀子·天論》），即自然之天是按它的規律執行的，它不因人間統治者的好壞而產生改變，人世間的凶吉主要是由人事（治亂）決定的。所以，荀子進一步提出「明於天人之分」，即認為自然界和人類社會各有自己的職分和規律，天是不會干預人事的。相反，人卻可以充分發揮自己的主觀

第二章　天命思想：從蒙昧到理性

能動性去「制天命而用之」。荀子說：「大天而思之，孰與物畜而制之；從天而頌之，孰與制天命而用之；望時而待之，孰與應時而使之；因物而多之，孰與騁能而化之；思物而物之，孰與理物而勿失之也；願於物之所以生，孰與有（佑）物之所以成。故錯人而思天，則失萬物之情。」（《荀子·天論》）這就是說，與其迷信天的權威去思慕它、歌頌它、等待它的恩賜，不如利用自然、征服自然，使之為人類服務。

荀子的天命思想達到了先秦天命思想的最高峰。其貢獻主要在於：其一，將古代具有意志的人格化的「天」還原為自然的天；其二，在「天命」與「人力」關係上，將自周公開始的重人事、輕天命的思想進一步發展為「制天命而用之」。這就更加充分調動了人的主觀能動性，沿著這一思想必然通向「人定勝天」。

下面我們來分析以墨子為代表的「非命論」思想。周公的天命觀十分強調「人力」，稍將其發展下去必然會導致「非命」思想，其實在周公的言論中已可以隱約看到這種否定天命的思想幼芽。周公在與召公奭的談話中，針對當時天命論盛行、政事懈怠的狀況，明確提出了「天不可信」的觀點（《尚書·君奭》）。這個觀點對於命定論十分盛行的西周初年來說，可謂是「石破天驚」！雖然這裡主要還是強調人為的重要性，而不是對天命的根本否定，但已經向「非命論」邁出了重要的一步。墨子正是順勢將這一思想向前推進了一大步。

三、周公天命觀對後世的影響

墨子一方面承認鬼神，強調「天志」；另一方面卻又否認天命，這看起來似乎有點自相矛盾，故有的學者將之歸結為有神論的宇宙觀和無神論傾向的認識論的矛盾。但這種歸結又與「世界觀和方法論是統一的」這種說法相悖。其實，在墨子那裡，「天鬼」只是徒有其形式，「非命」才是墨子所強調的內容。墨子說：「故尚（上）者夏書，其次商、周之書，語數鬼神之有也，重有（又）重之……以若書之說觀之，則鬼神之有，豈可疑哉？」（《墨子‧明鬼下》）原來，墨子說的「鬼神」不過是繼承了書本之說而已。「天鬼」觀念作為古代流傳下來的、盛行的觀念，墨子不可能根本否定，卻很巧妙地利用了它，正如他自己所說：「我有天志，譬若輪人之有規，匠人之有矩。」（《墨子‧天志上》）墨子以「天鬼」為工具，利用「天鬼」能「賞賢罰暴」來保護老百姓的利益和約束統治者的行為，這是墨子「天鬼」思想的獨特貢獻。既然「天鬼」只是徒有形式，因此，在「天命」和「人力」的關係上，墨子是十分推崇「人力」而批判「天命」的。

墨子針對儒家「生死有命，富貴在天」和「道」之興廢由天意決定的觀點，批判說：「執有命者之言曰：命富則富，命貧則貧，命眾則眾，命寡則寡，命治則治，命亂則亂，命壽則壽，命夭則夭，命雖強勁何益哉？以上說王公大人，下以駔（阻）百姓之從事，故執有命者不仁。」（《墨子‧非命上》）墨子認為，命定論使人們在自然和社會變故面前無所

第二章 天命思想：從蒙昧到理性

作為，又替暴虐之君和不義之人開脫、辯解自己的錯誤行為提供了藉口，所以命定論是「凶言所自生，而暴人之道也」（《墨子·非命上》）。因此墨子非常強調「人力」才是決定命運的力量。墨子分析了歷史的經驗教訓，說：「世不渝而民不易，上變政而民改俗，存乎桀紂而天下亂，存乎湯武而天下治。天下之治也，湯武之力也；天下之亂也，桀紂之罪也。若以此觀之，夫安危治亂，存乎上之為政也，則夫豈可謂有命哉？」（《墨子·非命下》）故墨子明確提出：「強必貴，不強必賤；強必榮，不強必辱」，「強必治，不強必亂，強必寧，不強必危」，「強必富，不強必貧；強必飽，不強必飢」（《墨子·非命下》）。墨子不僅把「強力」視作決定命運的東西，還進一步把它視作人與動物的根本區別，認為人必須勞動才能求得生存，這就使他的「尚力」思想深及人的本質問題。

墨子「尚力」、「非命」的思想雖然表達了人民要以自己的努力來衝破傳統天命論思想的束縛、改變自己命運的願望和要求，但在社會實踐中，這種「非命」論很難在盛行天命論思想的社會中得以傳播和發展。

以老子為創始人的道家學派也繼承了周公的天命論思想。在老子的學說中，「天」的至上性已被「道」所取代：「道沖，而用之而又不盈。淵兮！似萬物之宗。挫其銳，解其紛，和其光，同其塵。湛兮！似或存。吾不知其誰之子，象帝之先。」（《老子》第四章）顯然，作為萬物本原的「道」比

三、周公天命觀對後世的影響

「天帝」具有更高的至上性。在老子看來,人、地、天、道是一個拾級而上的關係,儘管「天」已退居第二位,但仍遠遠高於「人」的地位,所以,「人法地,地法天,天法道,道法自然」(《老子》二十五章)。這是老子所澆鑄的一種新的「命定論」模式。人和萬物在「道」這個無形無聲的新上帝面前只能俯首貼耳、聽命從事,絕不可有所作為。「天之所惡孰知其故?天之道,不爭而善勝,不言而善應,不召而自來,單然而善謀。天網恢恢,疏而不失。」(《老子》第七十三章)此處的「天」和「道」又被賦予了人格神的特徵,能有所惡、善勝、善應、善謀,並編織了一張廣闊的天網,人的一切努力都是徒勞的,誰也無法擺脫天道的控制。這種「命定論」思想導致老子消極無為的政治主張和小國寡民、「使民復結繩而用之」的歷史倒退思想。

道家的另一個代表人物莊子發展了老子的命定論,更系統、明確地闡述了天命和人力的關係。

首先,莊子強調了自然界的決定作用,完全排斥了人力的作用。他說:「日月出矣,而爝火不息,其於光也,不亦難乎?時雨降矣,而猶浸灌,其於澤也,不亦勞乎?」(《莊子·逍遙遊》)就是說在日月的光輝之下卻打起火把,在下雨的時候卻去灌溉田地,人在自然面前不是顯得渺小而多餘嗎?自然界是崇高的,人力是渺小的,人類只能成為自然界的俘虜,聽憑自然界的擺布。

第二章　天命思想：從蒙昧到理性

其次，莊子強調了「命」對人生的主宰作用。他說：「死生、存亡、窮達、貧富、賢與不肖、毀譽、飢渴、寒暑，是事之變，命之行也。」（《莊子·德充符》）《莊子·大宗師》講了這樣一件事：子桑窮困潦倒，病倒在家中，其友子輿帶著飯菜去接濟他，聽見子桑「若歌若哭」，問其故，子桑曰：「吾思夫使我至此極者而弗得也。父母豈欲吾貧哉？天無私覆，地無私載，天地豈私貧我哉？求其為之者而不得也。然而至此極者，命也夫！」這就是說，子桑的貧窮既不是父母之所願，也不是天地之所為，只能歸之為「命」了。莊子還認為，既然人生的一切都是命中注定，企圖靠人力去改變命運，到頭來只能落得個「終身役役而不見其成功，苶然疲役而不知其所歸，可不哀邪」（《莊子·齊物論》）的下場。所以莊子主張「唯命是從」，並認為，「知其不強奈何而安之若命，德之至也」（《莊子·人間世》）。把聽天由命說成是最高的德行，這是莊子獨特的思想。

再次，莊子的生死觀也突出地表現了他的宿命論思想。他說：「死生，命也；其有夜旦之常，天也。人之有所不得與，皆物之情也。」（《莊子·大宗師》）把生死看成像白天黑夜的更替一樣自然，是人力不能左右的。坦然面對生死，本無可指責，莊子卻從宿命論的立場把這種態度推向極端，以致他的妻子死了，他非但不悲痛，反而「鼓盆而歌」。在《莊子·大宗師》中記載了這樣一件事：子桑戶死了，他的朋友孟子

反、子琴張不幫助辦理喪事,反而在屍體旁彈琴唱歌。孔子派子貢前去幫助辦理喪事,子貢責怪他們不懂得禮,他們反而譏笑子貢不懂得「禮」的本來意義。子貢回去告訴孔子那些人一點修養德行也沒有。孔子感嘆說,他們(莊子及其門生)是遊蕩於人世之外的人,而我則是周遊於人世之內的人,人世內、人世外互不相干,我卻派你去弔唁,這是我的淺陋無知!可見,人之常情已被莊子的宿命論消融得一乾二淨。莊子自己也說:「有人之形,無人之情。有人之形,故群於人;無人之情,故是非不得於身。」(《莊子·德充符》)不為世俗之情所累,以避免是非之禍沾身,真可謂「獨善其身」。所以,荀子批評莊子「蔽於天而不知人」(《荀子·解蔽》),是很有道理的。

以上我們分析了先秦時期的三種天命觀思想,它們都是發端於周公的天命思想,並對此後整個中國封建社會產生了極為深遠的影響,限於篇幅,不再贅述。

第二章　天命思想：從蒙昧到理性

第三章
政治思想：德治與權力基礎

　　中國古代政治思想起源於商代。現存於《尚書·商書》中的五篇文獻，記載了殷商統治集團對政治的基本觀點。在商人的觀念裡，對上帝和祖先的崇拜具有核心的地位。因此，商代最高統治者直接把神權和君權結合起來，宣揚君權神授，完全靠宣揚上帝意旨和殘酷的刑罰進行統治。這種純粹的神權政治觀伴隨著商的滅亡而趨於動搖。既然商代的政治思想已不能維護其王朝的生存，那麼，周代在政治思想上就必然要改弦更張。正是在周初政權尚不穩固之時，為奠定新政權的永恆基業，周公創造性地提出了解決政治難題的新方法，從而形成了其獨特的政治思想體系，由此也奠定了周公身為中國古代思想史上第一位著名政治思想家的突出地位。

一、推崇德政

　　周公推崇德政，即「敬德」的思想，是他對商代天命觀進行系統反思的結果。殷商王朝的最高統治者是十分迷信天命的。當王朝即將覆亡之際，商紂王還在為非作惡，並且自信

第三章　政治思想：德治與權力基礎

有命在天，不會敗亡。然而，商王朝最終還是被新興的周人滅亡了。周取代商的歷史鉅變，促使作為新一代王朝核心領導者的周公不得不重新審視政權的得失與天命間的關係。在當時特定的歷史條件下，周公是不可能完全拋開天命論的。這既有認識論的根源，也有政治策略上的考慮。面對滿腦子天命意識、不甘失敗的殷遺民，周公還需要用天命觀來論證西周新政權出現的合法性。他對這些亡國之民說：「非我小國，敢弋殷命，惟天不畀。」（《尚書‧多士》）意思是說，不是我小小的周國敢於取代殷的天命，而是上帝不把天命給他們。事實上，他仍然利用商人對「天」的崇拜，用天命規勸商人接受既成事實，服從周的統治。

但是，為什麼天命不再眷顧商而選擇周呢？這的確是一個必須在邏輯上能夠自圓其說的難題。

周公由此提出了一個「德」的範疇來解決這一難題。他指出，商亡國的根本原因在於不推崇德政，「惟不敬厥德，乃早墜厥命」（《尚書‧召誥》）。意思是說，我只知道他們不重德行，才過早地失去了他們所承受的天命。

我們從《尚書》中的幾篇〈商書〉文獻來看，除了「高宗肜日」一篇，因為出自殷亡之後的遺民之手，受到周代影響，出現過「德」字以外，其餘各篇都未出現過「德」字。商代統治者完全是用上帝和祖先靈魂的權威來進行統治。在施行暴政時，他們完全透過向上帝「問卜」的結果來決斷，根

一、推崇德政

本不考慮「德」與「不德」的問題。如此看來,「德」範疇的提出,的確是周公在政治思想上的一個新發明。

周公總結歷史,得出了天命與德政相一致的結論,即「皇天無親,唯德是輔」(《左傳》僖公五年引《周書》)。在他看來,過去商王朝的天命之所以能夠長期延續,正是他們那時推行德政的結果。他說:「天惟純佑命,則商實百姓、王人,罔不秉德明恤。小臣、屏侯甸,矧咸奔走。惟茲惟德稱,用乂厥辟,故一人有事於四方,若卜筮,罔不是孚。」(《尚書·君奭》)意思是說,上帝用賢良教導下民,於是,殷商異姓和同姓的官員們,確實沒有人不保持美德、知道謹慎。君王的小臣和諸侯的官員,也都奔走效勞。這些官員是依據美德被推舉出來,輔助他們的君王的,所以君王對四方施政,如同卜筮一樣,沒有人不相信。

按照這個邏輯,周公指出,只要喪失德政,任何人都將失去天命。他說:「惟天不畀,不明厥德凡四方小大邦喪,罔非有辭於罰。」(《尚書·多士》)意思是說,上帝不把天命給予不勉行德政的人,凡是四方小國、大國的滅亡,無不是因怠慢上帝而被懲罰。

為了從邏輯上論證新王朝比之於前代王朝的優越性,周公突出了周族祖先的德業。他對其弟康叔說:「惟乃丕顯考文王,克明德慎罰,不敢侮鰥寡,庸庸,祗祗,威威,顯民。用肇造我區夏,越我一二邦,以修我西土。惟時怙冒聞於上

第三章　政治思想：德治與權力基礎

帝，帝休，天乃大命文王殪戎殷，誕受厥命越厥邦厥民。惟時敘，乃寡兄勖，肆汝小子封在茲東土。」(《尚書・康誥》)意思是說，只有你英明的父親文王，才能崇尚德教而謹慎地使用刑罰，不敢侮辱那些無依無靠的人，任用那些應當受到任用的人，尊敬那些應當受到尊敬的人，鎮壓那些應當受到鎮壓的人，並且把這些德行在人民中傳播。這樣，就締造了我們小小的周國，並且與幾個友邦共同治理我們的西方。文王的德行和成就被上帝知道了，上帝非常高興。就降大命於文王。滅亡大國殷，取代其天命，統治其國其民，這些功績又是你的長兄武王努力所致，這才有了你這樣的年輕人受封昔日殷土的結果。

在周公與召公的一次談話中，他接受了後者關於施德政的勸告，表示要延續文王的德業。他說：「我道惟寧王德延，天不庸釋於文王受命。」(《尚書・君奭》)意思是說，我只想把文王的德政發揚光大，上帝將不會拋棄文王所接受的天命。

周公不僅自己奉行德政，還諄諄告誡成王、康叔等人大力推行德政。

周公告誡成王要以夏、商不重德行的教訓為鑑。他說：「我不可不監於有夏，亦不可不監於有殷。我不敢知曰：有夏服天命，惟有歷年；我不敢知曰：不其延。惟不敬厥德，乃早墜厥命。我不敢知曰：有殷受天命，惟有歷年；我不敢知

日:不其延。惟不敬厥德,乃早墜厥命。今王嗣受厥命,我亦惟茲二國命,嗣若功。」(《尚書・召誥》)。意思是說,我們不可不鑑戒夏代,也不可以不鑑戒殷代。我不敢說,夏的國運不會延長。我只知道他們不重視行德,才過早失去了他們的福命。我不敢知曉說,殷接受天命有長久時間。我也不敢說,殷的國運不會延長。我只知道他們不重視行德,才過早失去了他們的福命。現在成王你繼承了治理天下的大命,我們也該思考這兩個國家的命運,繼承他們的功業。

周公殷切希望成王努力奉行德政。在營洛期間,他始終圍繞施德政這一主題對成王進行教育。他多次反覆強調「敬德」的迫切性:「王敬作所,不可不敬德」,「肆惟王其疾敬德!王其德之用,祈天永命」,「其惟王位在德元,小民乃惟刑用於天下,越王顯」(《尚書・召誥》)。意思是說,成王你要以身作則,不可不敬重德行!現在成王你該加快推行德政!只有根據道德行事,才能祈求天命長久!希望成王你居天子之位而有聖人之德,老百姓就能效法而施行於天下,發揚你的美德了。

周公在把治理殷遺民這項艱鉅的工作交給自己深為信任的同胞弟弟康叔以後,反覆告誡後者在殷故地要重視推行德政,以鞏固周的統治。他說:「先王既勤用明德,懷為夾,庶邦享作,兄弟方來,亦既用明德。後式典集,庶邦丕享。皇天既付中國民越厥疆土於先王,肆王唯德用,和懌先後迷

第三章　政治思想：德治與權力基礎

民。」(《尚書‧梓材》)意思是說,我們的先王都曾努力推行德政,各國都主動來做助手,諸侯們也都納貢稱臣,這些都是因為推行德政的緣故。諸侯國君們經常聚在一起,納貢稱臣,將會引來更多的諸侯納貢稱臣。上帝既然把中國的臣民和疆土都託付給了先王,今王也只有推行德政,才能教導殷遺民中的那些頑固分子,使之服從我們的統治。

周公在號召施行德政時,也沒有全盤否定先代的一些優良傳統。他要求受封殷地的康叔,一定要學習殷代好的經驗。他說:「爽惟民迪吉康,我時其惟殷先哲王德,用康乂民作求。」(《尚書‧康誥》)意思是說,老百姓要受到教化才會善良安定,我們時時要思念殷代聖明先王的德政,並用來安治殷民,作為法則。

周公關於推行德政的思想,造就了周代政治制度與政治思想的一大特色。直到西漢時,漢宣帝劉詢還說:「奈何純任德政,用周政乎!」(《漢書‧元帝紀》)可見,一千年以後,人們對周代德政仍記憶猶新。由此可知,周代德政影響甚鉅。

儒家創始人孔子對施行德政的思想也很推崇。他說:「為政以德,譬如北辰,居其所而眾星共之。」(《論語‧為政》)意思是說,用德來治國,就會像北極星一樣,自己安穩地坐在位置上,別的星都環繞著它。他提出,政治應以道德教化為主,刑罰為輔。他說:「道之以政,齊之以刑,民免而無恥;

一、推崇德政

道之以德,齊之以禮,有恥且格。」(《論語·為政》)意思是說,用政法來誘導百姓,用刑罰來整治百姓,百姓只能暫時克制自己,而不知犯罪是極為可恥的事情;用道德來誘導百姓,用禮法來整治百姓,他們不但有廉恥之心,而且言行歸於正道。他還把政治的實施過程看成是道德的感化過程。他說:「政者,正也。子帥以正,孰敢不正?」(《論語·顏淵》)意思是說,政治的本意就是端正,你帶頭端正行為,誰能不端正呢?孔子還說:「其身正,不令而行;其身不正,雖令不從。」(《論語·子路》)意思是說,統治者本身行為正當,不發命令,事情也行得通;他本身行為不正當,即使三令五申,事情也行不通。

孔子的德政思想直接源於周公的德政思想。孔子本人所生活的魯國,作為周公當年的封國,在周室衰微、禮崩樂壞的春秋時期,仍然完整地保留了大量的周公當年所制定的禮儀制度和思想資料。據《左傳》記載,閔西元年(西元前659年),還有人說過魯「猶秉周禮」的話。直到孔子出生十餘年之後,晉平公還派韓宣子來魯國學習周朝的禮儀制度。當韓宣子讀到《易經》、《魯春秋》等典籍時,讚嘆道:「周禮盡在魯矣。吾乃今知周公之德,與周之所以王也。」(《左傳》昭公二年)孔子是「信而好古」之人,他十分注意學習古代典籍,這些典籍肯定也包括大量今已亡佚的周代文獻。孔子對周公的政治思想自然是非常熟悉的。他十分崇敬周公,《論

第三章　政治思想：德治與權力基礎

語》中幾次提到孔子「入太廟，每事問」，這裡的太廟是祭祀魯國始祖周公的廟，孔子入太廟，任何事情都要請教，說明他對周公極為敬重，對周公的學說十分推崇。孔子十分讚賞周公所開創的周代文化。他說：「郁郁乎文哉，吾從周！」同時，他又表現出對周公之道難以為繼的感傷與無奈：「嗚呼哀哉！我觀周道，幽、厲傷之，吾捨魯何適矣！魯之郊禘，非禮也，周公其衰矣！」（《禮記・禮運》）因此，我們可以說，孔子的儒家政治思想在一定意義上是對周公政治思想的繼承和發揚。其推崇德治的思想，就是周公德政思想的具體化和深化。

儒家另一代表人物孟子，則把孔子的德政思想進一步發展為「仁政」學說，使之變為一套系統的政治思想。孟子強調仁義在治國中的特殊作用。他說：「以力服人者，非心服也，力不贍也；以德服人者，中心悅而誠服也，如七十子之服孔子也。」（《孟子・公孫丑上》）他的仁政，從根本上說，就是要做到「老吾老，以及人之老，幼吾幼，以及人之幼」（《孟子・梁惠王上》），即將扶老慈幼等道德原則由近及遠地推廣到全體成員身上，用道德教化去爭取人民的服從和擁護。這就進一步把周公以來的德政思想，從理論和實踐方面都大大深化和具體化了。孟子政治理論的突出特點在於，它從主體自身方面強化了「德」的自覺意識，把「德」本體化，這就為統治階級推行「德政」打下了堅實的基礎。因此，孟子的仁

政思想,對後世儒家學派的思想長期充當統治階級的理論工具發揮了十分關鍵的作用。在以後的歷史發展中,德治的思想始終壓倒刑治的思想。宋明理學家們則進一步把周公、孔子、孟子以來的儒學奉為一以貫之的「道統」,二程等人當仁不讓地以周公等人的繼承人自居。程顥在為程頤寫的墓誌銘中說:「周公沒,聖人之道不行;孟軻死,聖人之學不傳。……先生千四百年後,得不傳之學於遺經,志將以斯道覺斯民。」(《河南程氏文集》卷十一)從二程的政治學說來看,的確與周公的德政學說一脈相承。二程說道:「聖人為治,修刑罰以齊眾,明教化以善俗。刑罰立則教化行矣,教化行而刑措矣。雖曰尚德不尚刑,顧豈偏廢哉?」(《河南程氏粹言・論政》)中國古代政治理論的德政學說傳統,從周公起,經由孔子、孟子,再發展至宋明理學家,這一線索基本上可以說是一脈相承的。

二、倡導任賢

在對夏、殷以來的天命觀產生懷疑的前提下,周公把政治從天上拉回到人間,把思考政治問題的著眼點從「天」轉移到「人」。周公雖然表示仍然要「念天威」,但更重視事在人為。因此,周公的政治思想一改商代重天命、輕人治的狀況,變為強調人事,提倡任賢。

第三章　政治思想：德治與權力基礎

　　周公透過對歷史經驗教訓的總結和分析，向人們揭示了任用賢才的重要性。他歷數了殷商王朝鼎盛時期任用賢才的情況，指出：在商成湯、太甲時期，有著名的伊尹為賢相；在太戊時期有伊陟、臣扈和巫咸等幾位賢臣輔佐；在祖乙時期，有巫賢這樣的賢相；在武丁時期，有甘盤這樣著名的人物做賢臣。周公總結說：「率惟茲有陳，保乂有殷，故殷禮陟配天，多歷年所。天惟純佑命，則商實百姓、王人，罔不秉德明恤。小臣、屏侯甸，矧咸奔走。惟茲惟德稱，用乂厥辟，故一人有事於四方，若卜筮，罔不是孚。」（《尚書・君奭》）意思是說，由於有這些有道的人安定、治理殷國，因此君王死後，他們的神靈才能配天稱帝，殷人的統治才能延續許多年代。上帝只幫助有賢德的人，殷商的小臣和諸侯沒有不謹慎地為殷王奔走效勞的。群臣是依據美德而被推舉出來，輔佐他們的君王的。所以君王向四方發出號令，就好像卜筮一樣靈驗，人們沒有不相信的。

　　周公的這些論斷，雖然仍未擺脫天命觀的影響，沒有完全排除上帝的地位，但它是有史以來第一次把人的因素作為分析歷史事件的一項要素，突出了賢能的人對於治理國家的重要作用。因此，這一觀點具有明顯的進步性。

　　周公也以同樣的觀點恰如其分地分析了周的興起。他說：「在昔上帝割申勸寧王之德，其集大命於厥躬？惟文王尚克修和我有夏；亦惟有若虢叔，有若閎夭，有若散宜生，有

二、倡導任賢

若泰顛,有若南宮适。」(《尚書・君奭》)意思是說,過去上帝為什麼一再嘉勉文王的品德,並且還降大命於他身上呢?因為只有像文王這樣有道德的人,才能把中國治理好啊!同時也因為文王有虢叔、閎夭、散宜生、泰顛、南宮适這些賢明的大臣。他還說:「武王惟茲四人尚迪有祿。後暨武王誕將天威,咸劉厥敵。惟茲四人昭武王惟冒,丕單稱德。」(《尚書・君奭》)意思是說,武王在位時,文王時的四個賢臣仍然保持著他們的祿位。後來,武王奉行上帝命令征伐殷商,他們又輔助武王消滅了他們的敵人。也正是因為這四人輔助武王很努力,才使普天下的人們稱頌武王的德業。

周公同時也清醒地意識到,一旦不能任用賢能的人,即使曾經十分強盛的政權,也將招致失敗的命運。他總結了夏、殷兩代從盛到衰直至最後滅亡的過程,得出不能任用賢才乃其最終覆亡的根本原因。

周公分析道:古代夏朝的君王,即使他們的卿大夫很強,他們還呼籲這些人尊重上帝的教導,相信九德的準則(「九德」即《尚書・皋陶謨》中所提出的「寬而栗,柔而立,願而恭,亂而敬,擾而毅,直而溫,簡而廉,剛而塞,強而義」)。他說,官員們各司其職,負責管理政務的能夠認真考慮臣民是否安居樂業,負責司法的能夠認真考慮執法是否公平合理。由於他們認認真真地做好工作,因此得到了國君的信任。假如不是這樣,只看表面現象,不根據德行而是根據

第三章　政治思想：德治與權力基礎

個人好惡去用人，那麼就不會得到賢能的人的輔佐。但是，夏朝末代君王夏桀即位後，不任用老成持重的舊人，只用暴虐的人，最終導致亡國。

他還說，商代開國之君成湯登上帝位以後，得到了天命。成湯從政務、理民、執政三方面考核官吏的成績，以此證明哪些官吏們能忠於職守。又從這三方面選拔人才，結果證明那些獲得信譽的賢人，的確有德才而不是徒具虛名。從此，殷商便從這三方面嚴格地選用賢人。由於這樣，那些被選在商都供職的人，都能很好地對待他們的臣民；那些被選在四方供職的人，也都能根據大法辦事，從而表現出他們固有的德行。到了商紂王登上帝位，他只知道任用失去德行的人，以致整個國家上行下效，把所有地方的政治搞得一片混亂。上帝便重重地懲罰他，讓周王代替商紂王接受天命，以安撫、治理天下的老百姓。

周公十分重視周文王和周武王時期任用賢才的成功經驗。他說：「文王惟克厥宅心，乃克立茲常事司牧人，以克俊有德。文王罔攸兼於庶言。庶獄庶慎，惟有司之牧夫是訓用違。庶獄庶慎，文王罔敢知於茲。亦越武王率惟敉功，不敢替厥義德，率惟謀從容德，以並受此丕丕基。」（《尚書‧立政》）意思是說，由於文王能夠十分注意考核官員們的心地，所以能夠正確任用賢人負責政務、法律、管理臣民等方面的事情，把那些有德的賢人選拔出來，加以任用。文王從不代

二、倡導任賢

替他的大臣釋出命令。處理監獄以及管理臣民等方面的事情，都是根據有司和牧夫這些有關的負責官員的意見。對於這些事情，文王從不加以不適當的干預。到了武王時期，他完成了文王未竟的事業，卻不敢廢棄文王所立下的選拔人才的制度，只是努力繼承文王寬容的美德，因此，我們周族才能共同接受這偉大的基業。

周公系統地闡述了他關於人治、任人唯賢的思想。

首先，他強調人治是周朝命運永繼的基礎。他對召公說：「若天棐忱，我亦不敢知曰其終出於不詳」，「我亦不敢寧於上帝命，弗永遠念天威。越我民罔尤違，惟人」（《尚書·君奭》）。意思是說，順從上帝的意志，任用誠信的人，我也不敢說我們周朝的結局會出現不吉祥。我也不敢安於上帝的命令，不去時常考慮上帝的懲罰。我們的人民不會無緣無故產生怨恨情緒的，一切都在人為啊！

其次，他強調老臣們一定要在選賢任能方面發揮表率作用。在《尚書·君奭》中，他對召公說，我如果問你：「襄我二人，汝有合哉（除了你我二人，還有和你志同道合的人嗎）？」你一定會說：「在時二人（只有我們兩人）。」但是，「天休茲至，惟時二人弗戡。其汝克敬德，明我俊民，在讓後人於丕時。」意思是說，上帝降給我們的美好的事情越來越多，僅僅靠我們兩人不能勝任了。希望你能夠敬賢重德，提拔傑出人才，使後人能很好地繼承前人的傳統。

第三章　政治思想：德治與權力基礎

再次，他反覆告誡成王，一定要把提拔重用賢人作為為政之要。他說：「我則末惟成德之彥，以乂我受民」，「繼自今立政，其勿以憸人，其惟吉士，用勱相我國家」，「繼自今後王立政，其惟克用常人」（《尚書·立政》）。意思是說，我們應該始終如一地發揮賢士們的作用，來治理好我們的國家。從今以後，成王你如果提拔官員，必須任用賢人。

周公不僅提倡尚賢，自己也在從政實踐中身體力行。著名的「周公吐哺」的故事，就是一個生動的例子。

周公關於任賢的思想，在周初那個特定的時代被提出來，是一個了不起的理論成就。首先，它突破了純粹天命論的束縛，肯定了上帝的意志並不是決定國家興衰成敗的唯一因素，人為因素也是一個重要的原因。雖然他還沒能完全離開上帝來論證問題，但在殷商神權思想盛行之際，能夠懷疑上帝的權威，就已是難能可貴的貢獻。其次，儘管周公不可能從根本上擺脫「封藩建衛」、「任人唯親」傳統的束縛，但應該說他在一定程度上打破了政治權力分配中的單純宗法原則，在一定程度上克服了由「尊尊親親」的宗法倫理所帶來的用人唯親的弊端。因此，周公的任賢思想，在政治思想史上具有一定的進步意義。

周公的任賢思想，對於儒家人治和用人唯賢思想的形成產生了重要的影響。儒家學者十分重視依靠君主和各級官吏個人的能力、威信和影響來進行統治，尤其重視在人才選拔

二、倡導任賢

上的選賢任能和德才兼備。在他們看來,「文武之政,布在方策,其人存,則其政舉;其人亡,則其政息」(《禮記‧中庸》)。孔子以來的儒家學者,無不把考察選賢任能的情況作為關乎治國之好壞的一項重要活動。孔子說:「舉直錯諸枉,則民服;舉枉錯諸直,則民不服。」(《論語‧為政》)意思是說,提拔正直的人放在邪惡的人之上,百姓就服從了;若是提拔邪惡的人放在正直的人之上,百姓就不會服從。孟子也主張「尊賢使能,俊傑在位」(《孟子‧公孫丑上》)。荀子也說「有治人,無治法」(《荀子‧君道》)。這表明,在是否以賢能作為選拔任用官吏的標準上,儒家學派與周公是一脈相承的。

受周公以來選賢任能思想的影響,歷代封建王朝較開明的最高統治者和傑出政治家,都十分重視任用賢才。漢武帝就十分重視求賢,強調「進賢受上賞,蔽賢蒙顯戮」的賞罰原則。曹操也非常努力地招賢納士,並且十分讚賞周公禮遇賢士的行為,寫下了「周公吐哺,天下歸心」的詩句。諸葛亮也說:「治國之道,務在舉賢」,「親賢臣,遠小人,此先漢所以興隆也;親小人,遠賢人,此後漢所以傾頹也」。李世民更是求賢若渴,他說:「朕之授官,必擇才行。若才行不至,雖朕至親,亦不虛授。」這說明,周公的人治、任賢思想,對中國古代政治發揮了一定的正向作用。

第三章　政治思想：德治與權力基礎

三、力言保民

中國古代關於重民的思想出現得很早。據《尚書·盤庚》記載，商朝第二十位君王盤庚已提出不能過度剝削人民的主張。該文中出現了「重我民」、「罔不惟民之承」、「施實德於民」及「視民利用遷」等文字，這表明商代的最高統治者已開始覺察到人民的重要性。但是，綜觀有商一代，由於天命論的盛行，其最高統治者始終堅信，自己的權力是上帝賦予的，因此根本不用考慮人民的意志。他們對人民的反抗，總是毫無顧忌地實行殘酷鎮壓。就拿商王盤庚來說，他雖然也提出要「重我民」，但在動員百姓遷都時，還是動輒以上帝的意志來威嚇人民，宣稱誰不和他同心就是違背上帝的意志，就會受到懲罰。他威脅說，誰要是不服從他的統治，為非作歹，他就要「劓殄滅之，無遺育，無俾易種於茲新邑」（《尚書·盤庚》）。也就是說，他將會大開殺戒，並且還要斬草除根，不讓他們的後代在新都裡留下來。故有商一代，人民並無真正的地位。

周王朝的統治者們在滅商的過程中，有意識地以民意和天命相抗衡，為推翻殷商王朝的統治做輿論上的準備。在今已亡佚的周武王和呂尚於滅紂之前所作的〈泰誓〉中，就提出了「天視自我民視，天聽自我民聽」（《孟子·萬章上》）的觀點。其意思是說，百姓的眼睛就是天的眼睛，百姓的耳朵

三、力言保民

就是天的耳朵。同時，他們還提出「民之所欲，天必從之」（《左傳》襄公二十一年引）的觀點。這些思想對於發動人民推翻商王朝的殘暴統治，發揮了增強信心的作用。

周公從商亡周興的歷史事件中，尤其是從商紂軍隊中大批奴隸臨陣倒戈而直接導致「大國商」一朝覆亡的事實中，感受到了人民的力量。因此，周公較深刻地意識到保護人民利益和注意人民呼聲的問題。在周公所作的〈大誥〉、〈康誥〉、〈洛誥〉、〈無逸〉、〈召誥〉等諸誥中，「民」字頻繁出現。「保民」的思想成了德政的核心內容。「保民」就是其德政的具體體現，離開「保民」，就談不上施德政。

出於對天命論的懷疑，周公提出了要考慮人民的民情、民意來治理國家的思想。他說：「天畏棐忱，民情大可見，小人難保。」（《尚書·康誥》）意思是說，上帝是可怕的，他是不是誠心地幫助你，可以透過人民的情緒表現出來，小人是難以治理的。他還用古人的「人無於水監，當於民監」（人不要以水當鏡子照自己，要以人民當鏡子照自己）的名言來告誡康叔，要注意了解民意。在《尚書·召誥》中，他提出了「用顧畏於民碞」的警告。意思是說，要畏懼人民的反對。

由於殷周之際天命論統治地位的確立，周公還不可能完全拋開天命來論述保民問題。他把保民與天命結合起來。他在東征之前說過「今天其相民」（《尚書·大誥》）的話。意思是說，上帝是幫助老百姓的。按此邏輯，保民就可永續天

第三章　政治思想：德治與權力基礎

命。因此，他對胞弟康叔說：「惟命不於常，汝念哉！無我殄享，明乃服命，高乃聽，用康乂民。」(《尚書‧康誥》)意思是說，天命是可變化的，你一定要記住啊！不要因為沒有把國家治理好而絕了我們的社稷。要努力完成你的責任，經常聽取我給你的教導。只有把人民治理好了，我們的國家才能得到安康。

從維護政權的長治久安著眼，周公把「保民」作為其施行德政的首要任務。他不厭其煩地諄諄告誡年輕的統治者們，要把保民當作一項重要職責。在《尚書‧康誥》中，他對康叔提出了「乃服惟弘王應保殷民」、「若保赤子，惟民其康乂」等要求。在《尚書‧梓材》中，他對成王提出了「欲至於萬年，惟王子子孫孫永保民」的要求。在《尚書‧召誥》中，他又對成王說：「欲王以小民，受天永命。」

周公的保民思想在後世儒家那裡得到了繼承、豐富和發展。孔子提倡重民、富民，他說：「所重：民、食、喪、祭。」(《論語‧堯曰》)意思是說，所重視的是：人民、糧食、喪禮、祭禮。在他認為應重視的幾件大事中，人民是居第一位的。《論語》記載：「子適衛，冉有僕。子曰：『庶矣哉！』冉有曰：『既庶矣，又何加焉？』曰：『富之。』」說的是孔子到衛國去，冉有替他駕馬車。孔子說：「衛國人口好稠密呀！」冉有說：「人口多了，又該做什麼呢？」孔子說：「讓他們富足。」孟子進一步提出了「民貴君輕」的民本思想。他

說：「民為貴，社稷次之，君為輕。」[013] 學術界有人把「民貴君輕」抬高為「人民史觀」，認為人民比君王更珍貴，應屬誤解。（《孟子·盡心下》）他很明顯地繼承了周公的保民思想，因而提出了「保民而王」的主張。他說：「得乎丘民而為天子。」（《孟子·盡心下》）意思是說，得到老百姓的歡心便可以做天子。反之，「暴其民，甚則自弒國亡，不甚則身危國削」。他舉例說：「桀紂之失天下也，失其民也。失其民者，失其心也。得天下有道：得其民，斯得天下矣。」（《孟子·離婁上》）

不僅儒家重視民的地位，道家也十分關注民的重要性。道家創始人老子說：「無常心，以百姓為心」，又說：「百姓皆注其耳目，聖人皆駭之」（《老子》第四十九章）。

秦漢以來的中國政治文化，基本上貫穿著周公以來的保民、民本傳統。各代開明君主和進步政治家、思想家都倡導重民、利民、取於民等觀點。這是一股與君主專制相抗衡的進步思潮，構成了推動中國古代政治文化前進的重要精神力量。

四、宗法政治

中國的奴隸社會是在上古氏族社會基本上沒有瓦解的情況下產生和發展的，這與古希臘的西方式奴隸制度是有區別

---

[013] 此處「貴」應為「重」之意，意即處理老百姓的事頭等重要，君王個人的事最輕。

第三章　政治思想：德治與權力基礎

的。古希臘由於地處地中海沿岸，便利的交通條件使他們較早就從事商業活動，因經商而頻繁遷移的結果使其氏族組織迅速解體，血緣紐帶迅速斷裂，因而古希臘文化較早就完成了從血緣政治到地緣政治的轉變。而中華民族自古以來都是以農耕為主的民族，由此對土地十分眷戀，「固土重遷」。這樣一來，氏族社會遺留下來的、主要由血緣家族組合而成的農村鄉社，也就能夠世代沿襲下來。在整個夏、商、西周時期，中國雖然已進入奴隸社會，但血緣組織始終沒有解體。

有夏一代，中國雖已進入奴隸制國家階段，但國家機器簡單，並不向歸屬於它的氏族組織直接派遣官吏，而是利用原有氏族和部落的血緣關係，由原來的酋長治理。其餘部落與夏部落的關係，由部落聯盟關係轉變為朝貢關係，即隸屬關係。因此，夏代政治帶有相當濃厚的血緣關係色彩，具有一定的宗法政治的特點，但中央與地方的關係極為鬆散，地方對中央王朝的關係主要表現為納貢。

商在政治體制上採取了「內服」和「外服」相結合的統治方式。「內服」是指王畿以內的地區，由商王直接進行統治，設有「百僚」和「百辟」等官職，具有較多的地緣關係特徵；「外服」是指王畿之外的分封區。受封者有商王諸子，也有功臣和夷族首領。封國諸侯中有自己的統治機構和地方武裝，他們接受商王的統治與封號，其封國可以世襲。他們有為商王戍邊、隨王出征、納貢服役、朝覲祭祀等義務，但分封諸

四、宗法政治

侯們在其領地上有高度自治權。商代政治帶有一定的宗法色彩，特別是在商代後期更為明顯。只是由於商王朝最高統治者們始終相信君權神授，總是動輒以上帝的意志作為鎮壓反抗的依據，因此，他們並不把血緣關係這個維繫統治集團內部團結的特殊紐帶作為政治生活的第一要素。這樣一來，商代政治只具有宗法制度的初級形式，還遠未成熟。

西周初期，周人的血緣組織基本上沒有解體。「小邦周」戰勝「大國商」以後，僅五萬人武裝的周人難以對遼闊的疆土進行牢固的統治。在這種危急的局勢之下，周武王和周公選擇了以維護血緣關係為目的的宗法制度作為周代政治的一大法寶。

周公之所以選擇宗法政治，也是在懷疑天命觀之後所產生的必然結果。由於把上帝與祖先神靈分開，神的地位和作用大大下降，於是氏族、部落間的血緣關係就成了政治生活中的最高權威。因此，維繫人們原有的血緣關係，就有助於「保民」。為了達到這一目的，周公把商代後期已得到初步發展的宗法制度加以完善，使之最終定型，確定為周代政治制度的核心內容之一。

所謂宗法，就是以家族為中心，按血統遠近區別嫡庶和親疏的法則。周公所制定的宗法政治制度主要包括嫡長子繼承制、分封制和宗廟繼承制。

嫡長子繼承制確立了嫡長子在繼承權力、財產和主持祭祀等方面相對於其他兄弟的優先權。以今天的觀點看，它所反映

第三章　政治思想：德治與權力基礎

的是一種法律關係。但在周初，平民和奴隸是沒有什麼東西可以傳給後代的，因此它主要是周代貴族在進行權力分配時的一種政治規則，尤其是處理周天子與諸侯之間的關係時所必須遵守的規則。在周代的分封制中，就充分體現了這一點。

在周初主要由周公所大力推行的分封制，其實際意圖就在於以宗法為核心，按照血緣關係的親疏遠近，封藩建衛。按照分封規則，周天子是天下大宗，他的嫡長子為宗子，是王位繼承者。庶子是小宗，但在其封國內又是大宗。他們的嫡長子繼承封國，其餘諸子被封為卿大夫。卿大夫分得土地作為采邑（同時也得到附屬於土地上的人民）。卿大夫由嫡長子繼承其采邑，其餘諸子又被封為士。卿大夫對諸侯而言為小宗，對其所封之士而言又為大宗。這樣，逐級分封，確立彼此間的隸屬關係，下對上承擔一定義務。比如，諸侯向周天子擔負鎮守疆土、捍衛王室、交納貢賦、朝覲述職等義務。

從表面看，商、周分封制是相同的，但是，周公所推行的分封制卻是建立在相當完備的宗法制度基礎之上的。從政治關係看，周天子成為天下之共主，對諸侯直接進行控制，不同於殷商時期王朝對封國的宗主式關係。從宗法關係看，周天子是天下的大宗，君主之位由嫡長子世代繼承，永保大宗地位，這就避免了商代在王位繼承權上的混亂狀況。這樣一來，透過宗法式分封，周代最高統治者實現了政權、族權和神權的緊密結合，這不能不說比之於商王朝又高明了許多。

四、宗法政治

　　從西周分封的實際情況來看，也的確體現了宗法政治的基本原則。周代分封，以周公東征勝利以後的規模為最大。周公所封諸侯，有同姓、異姓和黃帝等古帝王之後三種。據《荀子・儒效》記載，共封七十一國，其中姬姓獨屬五十三個。姬姓受封者為周文王、周武王、周公之後，或為周王之兄弟，皆為同族。異姓功臣主要為姜姓。姜子牙（呂尚）不僅為功臣，也是周王室的姻親，與周王室有深厚的血緣關係。因此，受封的絕大部分諸侯，均與周天子有血緣關係。

　　透過分封制度的基本原則，周族的成員及其親屬在政治權力的分配中都依據其宗法血緣的親疏遠近而不同程度地得到了好處，他們幾乎都成了整個統治集團的一員。這樣，他們之間的血緣關係不但沒有因為勝利後的利益分配不均而遭到割裂，反而因共同利害關係而得到了較為鞏固的維繫。周公透過分封制的推行，達到了增強周人內部凝聚力的目的。姬姓部落以幾十萬眾的薄弱力量，最終成功地鞏固了自己的勝利。周天子在較長時期內始終維持著很高的權威，成為全國土地的最終所有者和「王畿」之地的實際擁有者。周天子有極大的權力，凡政治、經濟、軍事、宗教、司法、禮儀諸方面的大事，都由周天子決定，即「禮樂征伐自天子出」。周王對不履行義務的諸侯，可以採取削減封地、降爵，甚至用武力消滅等措施。這種以血緣關係為基礎而建立起來的天子權威，在西周建立以後的較長時間裡都未受到過真正的挑戰。

第三章　政治思想：德治與權力基礎

　　宗法政治的意義，正如周公後人凡伯所說，就是「大邦維屏，大宗維翰，懷德維寧，宗子維城」(《詩經‧大雅‧板》)。也就是說，諸侯國是天下的屏障，宗族是天下的棟梁，德政是安定的保證，嫡子就是天下的城牆。一張由血緣為紐帶緊密編結而成的宗法網，就使周王室與整個國家牢固地連在一起。這樣，周公的宗法政治模式就在中國歷史上第一次透過血緣紐帶的方式，在王族力量相對薄弱的開國之際，較好地解決了中央與地方的關係問題，彌補了夏、商兩代所暴露出來的中央對地方的控制十分薄弱的缺陷。它對於維護一姓之天下在一定時期內的有效統治，也不失為一種較為明智的選擇。

　　然而，宗法政治也存在著明顯的弱點。隨著時間的推移，受封諸侯們與天子之間的血緣關係越來越遠，這就勢必導致血緣紐帶的鬆弛。自春秋以來，周王室對諸侯逐漸失去約束力，昔日威風八面的天子已不再是天下共主。而一些強大的諸侯國，卻「挾天子以令諸侯」，打著「尊王攘夷」的旗號，爭奪霸主的地位，迫使各國向霸主貢賦，獲取本應由周天子享受的政治和經濟特權。因而自周平王東遷之後的春秋戰國，在長達五個世紀之久的時期內，周王朝已名存實亡。其軍隊由六師減少到兩師、一師，直到不足一師，王畿之地不足原來的一半，實力和地位已衰落為一個諸侯小國。西元前256年，周王朝終於徹底滅亡。這表明，僅僅依靠以血緣

四、宗法政治

紐帶為基礎而進行的宗法式分封,是不可能使一姓之天下世世代代傳下去的。

周公的宗法政治思想及其實踐,對古代中國社會產生了長期的影響。祖述周公的儒家學派始終倡導,要對宗法制度進行維護。漢武帝確立「罷黜百家,獨尊儒術」的基本國策以後,儒家思想長期居於正統學術思想的地位。這就使宗法制度在民間得到更為廣泛的推行,在中國社會中形成了始終是由血緣紐帶維繫著的宗法組織──家族,家族充當著中國社會的基石。在西漢至南北朝時期,由於推行了保護門閥世族的九品中正制和占田制,一些宗法豪強勢力崛起,在全國各地形成了一大批豪門士族。特別是在魏晉南北朝時期,因戰亂頻繁,統一的中央政權長期缺位,造成了世家大族橫斷鄉里,獨霸一方,形成一個個集宗法權力和政治權力於一體的血緣組織。隋唐以來,隨著科舉制與均田制的推行,門閥世族遭到毀滅性打擊,並逐漸絕跡。但是從北宋以後,在宋明理學的大力倡導下,宗法制度又在新形勢下重新恢復起來。宋儒把周公所確定的宗法制度理想化,主張重建古代宗族組織,於是在中國民間自發組成了以男系血統為中心的宗族共同體。這種新的宗法組織既不同於西周時期的政治關係、血緣關係和人神關係高度統一的宗法組織,也不同於東漢以後的門閥世族及宗法豪強,而是建立在民間的普遍宗法家族,它更具有大眾性和普及性。這種民間宗法家族在宋以後的中

第三章　政治思想：德治與權力基礎

國封建社會後期存在了七、八百年的時間，成為社會政治生活中的一種基本社會單元。

作為周公宗法政治重要組成部分的分封制，雖然最終也帶給周王朝諸侯「尾大不掉」，直至造成周王朝覆亡的惡果，但在以後的中國歷史中，分封制卻在不少新王朝建立之初一再被推行，並由此引發了關於中央集權與地方分權的長期爭論。

秦始皇統一中國以後，官員們就推行分封制還是郡縣制展開了激烈爭論。其中多數官員堅持繼周制實施分封的立場，李斯則力排眾議，堅持推行郡縣制。他從同代分封，最終導致「諸侯更相誅伐，周天子弗能禁止」的事實，說明分封之不可行。但推行郡縣制的秦王朝卻是一個二世而亡的短命王朝。秦的速亡，導致漢高祖劉邦錯誤地認為，這是沒有分封子弟以屏皇室造成的。因此，在消滅了異姓王之後，他大量地分封自己的子姪為同姓王。漢初同時又推行郡縣制，形成了郡國並行的局面。到漢武帝時，一些同姓封國強盛起來，爆發了「七國之亂」。平息叛亂以後，漢武帝削去了分封諸侯王的全部權力，規定他們不得「治國」。這種分土不治民的做法，使分封國變成了郡縣。漢武帝採納主父偃的建議，推行「推恩令」，允許國君分城邑給自己的子弟，使大國變成很多小國。這樣，中央集權得到了加強。

西晉王朝建立以後，晉武帝司馬炎也認為魏亡是由於帝

四、宗法政治

室孤立,沒有力量制約權臣造成的。加之陸機等人也強調「古之王者,必封同姓,以明親親,必樹異姓,以明賢賢」,這就導致西晉大封同姓王,先後共有五十七人被封。結果事與願違,晉武帝死後不久,就爆發了歷時四年之久的「八王之亂」。這次大動亂造成了社會經濟的大破壞,並由此引發了以後長達三百年的大分裂。因此,西晉的宗法式分封,並未帶來當年周公分封的那種較好的結果,相反,卻帶來了十分嚴重的惡果。

唐朝初期,在推行分封制還是郡縣制上也有過激烈爭論。宰相蕭瑀認為,「三代封建而長久,秦孤立而亡」,建議實行分封制,但被大多數官員反對。唐太宗本想推行分封制,但礙於群臣的反對無法立即付諸實施。不過,在西元631年2月,他還是分封了一批皇室宗親為王,此後又陸續分封了幾十人為王。武則天建立武周政權以後,也大封武氏親戚為郡王。唐代中後期,藩鎮割據勢力壯大,於是分封論再度出現。柳宗元寫下〈封建論〉,總結秦漢以來關於地方分權和中央集權的爭論,批駁了分封論。

明朝初年,朱元璋出於對異姓功臣的猜忌,提出了一個分封諸子為王的冠冕堂皇的理由,即「天下之大,必建藩屏,上衛國家,下衛生民。今諸子既長,宜各有爵封,為久治長安之計」(《明太祖實錄》卷51),前後封皇子二十三人為親王,叔父、姪子十五人為王,共三十八王。諸王在封地

第三章　政治思想：德治與權力基礎

設王府，並設定官屬，護衛甲士少者三千，多至一萬九千人。諸王地位高於朝中大臣，公侯、大臣見了他們都要下拜。明代規定皇子都封為親王，受封親王共計六十二人。親王嫡長子立為王世子，長孫立為世孫，世代承襲郡王之位。其餘諸子封郡王。郡王嫡長子承襲，諸子封鎮國公。其下依次封為輔國公、奉國公、鎮國將軍、輔國將軍、奉國將軍、鎮國中尉、輔國中尉、奉國中尉等，都按嫡長子繼承，次子以低一等分封的辦法延續下去。由此可見，明初朱元璋對周公的宗法式分封的仿效已達到極為神似的程度。朱元璋把自己最信任的兒子分封到邊防重鎮。他們手握重兵，朱元璋死後，當繼位的建文帝打算削藩時，燕王朱棣已是尾大不掉，終於舉兵反叛中央王朝，經過三年的「靖難之役」，推翻了建文帝政權。朱棣上臺以後，對藩王的權力加以限制，削除了藩王的兵權。有明一代，規定這些皇族不能參加科舉考試，不能做官吏，也不許務農經商，他們完全成了寄生蟲。一些地位高的皇族，不受法律約束，幾乎無惡不作，完全成了社會的禍害。雖然明代分封制在宗法統系上與周公時代幾乎完全一致，但並沒有全面恢復到周公時代的水準。在政治權利、地位上，受封諸侯根本無法與周代諸侯們相提並論。相反，其惡果很多。這表明，宗法式分封制在高度君主專制的中央集權的封建社會後期已經越來越不合乎時代的潮流，分封制由此從中國政治舞臺上逐漸消失。

第四章
法律思想：明德與慎罰

在周文化興起的過程中，其法律制度作為鞏固周人勝利成果的強制性規範也逐漸建立和完善起來。身為周初實際最高統治者的周公，成為了周王朝法制的最高決策者。在修正殷商神權法思想、實現法律文化由神本文化向人本文化轉變的法律構想和實施中，周公提出了一系列頗具創造性的法律思想。其主要法律思想表現在「以禮治國」和「明德慎罰」兩個方面。《周禮》和戰國時期李悝的《法經》，一般被認為是對後代法制思想影響最大的兩部著作。

一、以禮為法

「禮」字在殷商甲骨文中就已出現，它的字形象徵以豆（盤）盛玉祭祀祖先、上帝，以示敬意。許慎《說文解字》說：「禮，履也，所以事神致福也。」殷人的「禮」，實際上就是「尊神」的儀式。因此，殷人的「禮」，就是與神權和宗法密切連繫的行為規範。在天命論盛行的殷商時期，「禮」的宗旨是為神權服務的。殷人之「禮」雖也含有宗法成分，但其宗法色

第四章　法律思想：明德與慎罰

彩並不濃厚。商人奉行的是神權法思想，因此，「禮」的法律功能相當薄弱。

周取代商的統治地位以後，在總結商的失敗教訓過程中，也對商代法律的得失進行了認真的總結。有商一代，由於統治階級崇尚神權法，以致把現實中的刑罰也稱之為天罰。因此，商代統治者的刑法極為殘暴。商紂王時，「重刑辟，有炮烙之法」（《史記・殷本紀》）。據說周文王曾請求商紂王廢除炮烙之刑。孔子曾讚美說：「仁哉文王，輕千里之國，而請解炮烙之刑。」（《韓非子・難二》）這說明，周初統治集團是不贊成施行商代殘酷的刑法的。

由於周公等周初統治者已經認知到「天命靡常」，對殷商的天命論產生了懷疑，因此，他們提出了「皇天無親，唯德是輔」的觀點。與此相適應，在法律思想上，周公提出了以禮治國的觀點。

關於周公在禮治上的實踐，相傳有「周公制禮」的史實。雖然人們對周公制禮的具體情況素有爭議，但是人們從未懷疑過它的真實性。在先秦典籍中，《左傳》文公十八年記載，季文子使太史克對魯宣公說「先君周公制禮」，《國語・魯語》也有「若子季欲其法也，則有周公之籍矣」。這裡的「籍」，也是間接地指載有「周禮」的典籍。《論語・為政》也說：「周因於殷禮，所損益可知也。」《尚書大傳》說：周公攝政，「六年制禮作樂」。根據這些文獻的記載，周公制禮應確有其

事。但是,周公所制之禮,是否就是後來流傳的《周禮》,歷來爭議頗多。西漢劉歆認為,《周禮》就是周公所作,提出了「周公致太平之跡,跡具在斯」的觀點。其後,東漢經學大師鄭玄也力主此說,說:「周公居攝,而作六典之職,謂之《周禮》,營邑於土中,七年,致政成王,以此禮授之,使居雒邑,治天下。」(《周禮‧天官塚宰》)在鄭玄的影響下,世傳《周禮》就是周公所作的觀點一時幾成定論。宋代張載、李覯、曾鞏、司馬光、朱熹,清代魏源、汪中、《周禮》研究的集大成者孫詒讓等,均堅持世傳《周禮》為周公所作的觀點。另一觀點則認為該書為劉歆所偽造。首先提出這一觀點的是胡安國、胡宏父子。他們認為,《周官》(即《周禮》)為「王莽令劉歆撰」(《朱子語類》引)。近代學者康有為、錢玄同都贊成此說。還有一種觀點認為,《周禮》是後人附益的。何休認為它是「六國陰謀之書」。宋代蘇軾也說:「先儒以《周禮》為戰國陰謀之書,亦有以也。」葉適認為,「好之甚者以為周公所自為,此固妄耳」(《習學紀言‧周禮》)。現代學者錢穆、郭沫若、朱自清、顧頡剛等,都認為《周禮》成於戰國時期。

　　至於《周禮》為何人所作的問題,我們認為,此書雖不是周公所親訂,但它基本上反映了周公制禮的真實情況。這是因為,禮就是周代最基本的大法,「制禮」的活動本身就是一件極為重要的國家大事,不是任何人都有權隨意制定的。一般的無名小卒,甚至朝中重臣,沒有周天子的授意,都不敢

第四章　法律思想：明德與慎罰

妄自制禮，否則就是違背了禮的規範。周初，周公身為實際的最高統治者，當然是有權制禮的。由於一般人不敢擅自改動周禮的內容，因此後來流傳的《周禮》大體上仍反映了周公的基本精神。不過，《周禮》與周公所定的周禮又不能看作是同一個東西。這是因為，西周時期，「禮樂征伐自天子出」已是不爭之事實，周公之後的歷代周王，又具有根據形勢需求修改和補充周禮的權力。這樣一來，在西周王朝的兩百餘年歷史中，《周禮》必然處於不斷完善的狀態中。今本《周禮》就是這樣逐漸修改成形的。至於進入春秋以後，周室衰微，無力號令天下，再修改《周禮》已失去實際意義。故這時的《周禮》即使有所改動也是微乎其微的。整個西周時期，《周禮》雖有相當程度的變動，但基本上仍是由周公所訂，這是沒有多少疑問的。由此，我們在一定程度上可以從《周禮》中掌握周公關於禮治的基本思想概貌，《周禮》仍是我們研究周公「以禮治國」思想的重要資料來源之一。當然，今本《周禮》中因缺〈冬官〉部分，前人以〈考工記〉補之。該篇文獻的年代與作者同《周禮》本文有別，這已是定論，就不再贅述。

除《周禮》以外，大約產生於戰國至漢初的《禮記》一書，雖不是西周時期的作品，但其中也保存了較為豐富的西周禮樂制度的資料。因此，《禮記》一書同樣是我們研究周公禮治思想不能不重視的重要資料。

一、以禮為法

歷史上關於「周公制禮」的傳說，實際上就是指由周公主持，對以往的宗法傳統習慣進行補充、整理，從而釐定成一整套以維護宗法制度為中心的行為規範以及相應的典章制度、禮樂儀式。周公按照這套體現了「親親」、「尊尊」的宗法原則來治理國家，這就是「以禮治國」的禮治。

周公所制定的「禮」，是宗法等級制度的依據和標準。荀子說：「禮者，貴賤有等，長幼有差，貧富輕重皆有稱者也。」（《荀子·富國》）禮又是調整政治、經濟、軍事、司法、教育、婚姻家庭、倫理道德等方面行為規範的總和。所謂：「道德仁義，非禮不成；教訓正俗，非禮不備；分爭辯訟，非禮不決；君臣上下，父子兄弟，非禮不定；宦學事師，非禮不親；班朝治軍，蒞官行法，非禮威嚴不行。」（《禮記·曲禮》）因此，周公之禮，關乎社會國家的各個方面，直至個人的一切言行。禮的基本原則即：「親親也，尊尊也，長長也，男女有別，此其不可得與民變革者也。」（《禮記·大傳》）其中，「親親」是宗法原則，旨在維護家長制；「尊尊」也是宗法原則，旨在維護君主制。

作為「定親疏，決嫌疑，別同異，明是非」（《禮記·曲禮上》）的「禮」，在西周時期發揮了「經國家，定社稷，序民人，利後嗣」（《左傳》隱公十一年）的重大作用。因此，周公所制之禮，帶有根本大法的性質。同時，它的許多規定，是用國家強制力來保證執行的，違反了「禮」就會受到嚴厲

第四章　法律思想：明德與慎罰

懲罰，即所謂「出禮則入刑」。這樣，禮不僅是一般的倫理準則，還是規範人民的強制性規範，是西周法律體系中不可分割的組成部分。《周禮·地官·大司徒》云「以五禮防萬民之偽而教之中」，直接指明了「禮」的法律性質。先秦典籍中所提到的「夫禮，所以整民也」（《國語·魯語》），「以禮防民」（《左傳》哀公十五年），等等，也都表明了「禮」具有法律的強制性規範特徵。

按照禮的要求，人們必須做到父慈、子孝、兄友、弟恭。因此，周公要求，對不遵守這些規範的人實行嚴懲。他把「不孝不友」的行為視為「元惡大憝」，即罪大惡極，提出要對此「刑茲無赦」，即嚴懲而不寬恕。他特別提醒康叔，一定要充分意識到違反禮法而不受到嚴懲所帶來的危害。他說：「惟吊茲，不於我政人得罪，天惟與我民彝大泯亂。」（《尚書·康誥》）就是說，百姓有了不孝、不恭、不友、不愛的現象而不到我們執政者這裡來認罪，這樣，上帝賜給我們的統治人民的大法，便會遭到嚴重破壞。由此可見，周公實際上是把遵守禮法看成是維護西周政治、法律的首要任務。

周公把禮治放到法制建設的首要地位，其根本目的在於維護周王室在王權和族權上的絕對優勢地位，達成「天無二日，士無二王，國無二君，家無二尊，以一治也」（《禮記·喪服四制》）的社會政治局面。這就決定了禮是為維護宗法等級秩序的存在而服務的。因此，禮治的基本特徵就是「禮不

一、以禮為法

下庶人,刑不上大夫」(《禮記‧曲禮上》)。

在周公所建立的法律制度中,禮與刑是配合起來實施的。它們在適用對象上各有所側重。「禮不下庶人」,是指「禮」主要是用來調整奴隸主階級內部關係的。各級貴族依據禮所享有的各種特權,奴隸和平民一律不得享受。「刑不上大夫」,指的是刑罰的主要適用對像是勞動人民。禮治和刑治各司其職,表明周公所制定的法律規範是公開的、不平等的特權法。但是,「禮不下庶人,刑不上大夫」也是相對的。禮所規定的各種義務,不僅貴族們要遵守,庶民百姓也必須無條件地遵守。同時,對於犯上作亂,「放弒其君」、「賊殺其親」的個別奴隸主貴族,由於其行為已嚴重危害周政權的穩定,必定受到嚴懲。在禮法中,「大夫強,而君殺之,義也」(《禮記‧文王世子》)。周公平「三監」之亂後,殺其胞兄管叔、放逐其弟蔡叔,就是嚴懲周王室重要成員的例證。周公之子伯禽在征伐淮夷、徐夷之前對包括卿大夫在內的部眾釋出的誓師詞中,便談到了適用於卿大夫的「常刑」。他說:「乃越逐,不復,汝則有常刑。無敢寇攘。逾垣牆,竊馬牛,誘臣妾,汝則有常刑。」(《尚書‧費誓》)意思是說,如果你們敢於離開隊伍去追趕走失的牛馬和逃跑的奴隸,或得到了卻不歸還,那就要被處以刑罰。不許你們搶奪掠取。假如翻牆越壁,盜竊馬牛,拐騙別人的男女奴僕,也要被處以刑罰。他還威脅說,如果這些卿大夫們不做好備戰和後勤工作,「汝

109

第四章　法律思想：明德與慎罰

則有大刑」，即要被處以死刑。自此以後，「周有常刑」或「國有常刑」就成為了一些諸侯責問其他諸侯違反禮法行為所經常使用的理由。

周公的禮治思想及其實踐，作為維護宗法和政治秩序的強而有力的法律武器，在較長時期內對於維護國家的安定發揮了重要的作用。但是，周禮透過一張精心編織的法律之網，把人按血緣關係的親疏遠近強制性地固定於某一等級之中。這樣，任何人的地位及其相應的待遇和義務，完全由禮法預先安排好了。在禮治之下，貴者恆貴，賤者恆賤，個人的才能和努力對於自己的命運幾乎無法發揮任何作用，如此一來，整個社會的活力就大大削弱了。對於周王室來說，由於嫡長子繼承制只承認嫡長子在繼承上的優先權，不考慮繼承者的資質如何，這就直接導致後來的周天子和諸侯國君常常出現低能者的狀況。宗室成員資質的退化，不僅使中央王朝的權威下降，而且使一些諸侯國的大權為「陪臣」所篡奪。進入東周以後，田氏代齊、三家分晉等事件相繼發生。諸侯國君常常自身難保，又怎麼能拱衛王室？因此，周禮最終也不能挽救周的滅亡。

儘管周公在法律史上所開創的禮治之路存在不少重大的缺陷，但它對後來的中國法律史仍然發揮了開先河的作用，並引導著封建正統法律的發展方向。

一、以禮為法

春秋時期,由於周室衰微,周公所制定的禮樂制度已逐漸失去作用。值此亂世,儒家創始人孔子以恢復和維護周禮為己任,號召實行「為國以禮」(《論語·先進》)的政策。他強調,法律的制定和運用必須貫徹禮的精神:「禮樂不興則刑罰不中,刑罰不中則民無所措手足。」(《論語·子路》)他的禮治思想把「正名」即維護「君臣父子」的等級名分作為出發點,主張「天下有道,則禮樂征伐自天子出」(《論語·季氏》),反對不符合禮治的亂立法和立亂法。不過,孔子的禮治思想並不是周公思想的簡單重複。他提出「齊之以禮」的主張,對「禮不下庶人」的原則是一個重大突破。孔子和後來的孟子、荀子等儒家代表人物,把禮視為「五倫」原則的條文化、制度化,即處理君與臣、父與子、夫與婦、兄與弟及朋友之間關係的行為準則。這樣,「禮」的法律外延就大大拓展了。作為法律制度,它具有更強的可操作性。經過先秦儒家的改造,周公所制定的旨在維護奴隸主貴族統治的禮,就轉變成為封建地主階級服務的新禮。

自漢代以後,隨著儒家法律思想上升為封建正統法律思想,自周公以來的禮治思想進一步發展為以禮入法的法律實踐活動。封建時代的大部分思想家不僅都主張實行禮治,而且直接把儒家有關禮的思想作為司法實踐的依據。漢代大儒董仲舒是將儒家經義應用於法律實踐的第一人。他引經斷獄,把儒家經典直接作為判罪量刑的標準。他提倡「春秋決

第四章 法律思想：明德與慎罰

獄」，並作《春秋決獄》二百三十事，以《春秋》經義為依據，斷定是否犯罪。凡符合《春秋》精神，即使違法也不認為是犯罪；凡違背《春秋》精神，即使不違法也可定為犯罪。這樣，儒家禮治經典被法律化了。自魏以來，儒家學者開始參與制定法律，他們利用這個機會把儒家之禮直接融入法律條文中，從而實現了禮與法的更高程度的結合。在魏以後不同時期的法律制度中，源自《周禮》、《禮記》、《孝經》等書的有關禮的罪名占有相當重要的法律地位。其中的「八議」、「十惡」、官當、依服制罪量刑、親親相隱、犯罪存留養親及子孫不得別籍異財等影響大、延續時間長的法律內容，都直接源於禮。因此，以禮入法的進一步發展，不僅使禮成為法律的重要組成部分，也形成了法律為禮教所支配的局面。禮與法的不可分性就成了中國傳統法律文化的主要特徵和基本精神。

由於儒家學者中的大部分人認為《周禮》為周公所作，因此，在以禮入法的過程中，《周禮》在有關禮的文獻中，影響始終獨占鰲頭。北周一朝，竟然全盤模仿《周禮》，其法律完全禮化了。有宋一代，《周禮》備受學者和政治家青睞，周禮之學竟成熱門。尤其值得一提的是，宋代著名改革家王安石親研《周禮》經義，寫出了洋洋十餘萬字的《周官新義》一書，以此作為自己變法的理論根據，並依據《周禮》中的理財制度，設「制置三司條例」，興農田水利、青苗、均輸、保甲、免役、市易、方田諸役等「新法」。當然，王安石並不是

硬搬《周禮》的內容。正是由於王安石對《周禮》的這種獨出心裁的解讀,「周公之禮」在宋代大大地風光了一回,並且在客觀上發揮了一定的進步作用。

二、明德慎罰

　　周公不僅制禮,也制刑。傳說周公制定了《九刑》。《左傳》昭公六年說:「周有亂政,而作九刑。」《左傳》文公十八年還記載了已失傳的周公所作的〈誓命〉中的一段話:「毀則為賊,掩賊為藏,竊賄為盜,盜器為奸,主藏之名,賴奸之用,為大凶德,有常無赦,在《九刑》不忘。」有人認為這就是《九刑》的主要內容。但也有人認為《九刑》是指周公所作的刑書九篇。《逸周書‧嘗麥解》說:「四年孟夏,王命大正正刑書……太史筴刑書九篇,以升授太正。」這就是周公命人作《九刑》的證據。

　　周公制刑,是以「明德慎罰」思想為指導的。在《尚書‧康誥》中,周公對胞弟康叔說:「惟乃丕顯考文王,克明德慎罰。」在這裡,他把文王的法律思想概括為「明德慎罰」,希望康叔遵照執行。事實上,這正是周公本人在德與刑關係問題上的一貫主張。「明德」就是指推行德政。為了能夠推行德政,周公從法律角度強制規範了統治者的個人行為。

第四章　法律思想：明德與慎罰

周公指出，統治者應勤修德政，力戒淫逸。他說：「君子所其無逸。先知稼穡之艱難，乃逸，則知小之依。」(《尚書‧無逸》)就是說，統治者不應貪圖安逸享受。先了解種田人的艱難，這樣，處於安逸環境也會知道種田人的痛苦。為了防止包括康叔在內的周族統治者們像殷末統治者那樣腐化墮落，周公頒布了禁酒的法令——〈酒誥〉。誥詞規定不得「群飲」、「崇飲」，否則就要殺掉，並且要求統治者「剛制於酒」，就是說要強行戒酒。周公早在三千多年前就已把加強統治者自我修養納入法律制度之中，這是難能可貴的。

「慎罰」就是指要小心謹慎地使用刑罰。「慎罰」思想的提出，是周公對商代刑法的得失進行認真總結後的成果。

商代是以刑法著名的朝代。《左傳》昭公六年說：「商有亂政，而作《湯刑》。」這說明，商代已有成文刑法。《荀子‧正名》也說「後王之成名，刑名從商」，表明商代刑法對後代刑法具有模範作用。韓非說：「一曰，殷之法，棄灰於公道者斷斯手。」(《韓非子‧內儲說上》)由此可見，商代刑法非常詳備和苛刻。由於商代刑法的周密，周公在對康叔作〈康誥〉時，才反覆要求他利用被封在殷商舊地的有利條件，學習殷商聖王的治國之道，尤其要好好學習殷商刑法。他對康叔說：「外事，汝陳時臬司，師茲殷罰有倫。」就是說，要求康叔對外宣布自己施用刑罰的準則，就是按照殷商時代的刑法以治民。他還對康叔說：「汝陳時臬事罰。蔽殷彝，用其義刑

二、明德慎罰

義殺。」意思是說,你宣布用這些法律進行懲罰。判決案件,要依據殷人的常法,採用適宜的刑法條律。這說明,在周初法制存在不少欠缺的情況下,周公並不拒斥殷商刑法,而是充分肯定殷商刑法的處刑、斷獄原則,以商代刑法之長,補周代刑法之短,這是完全必要的。但是,周公並不是簡單地照搬、照抄商代刑法。鑒於商末因濫用刑罰導致人民反叛的教訓,周公從國家治亂的高度總結了量刑過重、濫殺無辜的危害性。他說:「亂殺無罪,殺無辜,怨有同,是叢於厥身。」(《尚書・無逸》)就是說,亂罰沒有罪過的人、亂殺沒有罪過的人,老百姓就會把所有的怨恨集中到你的身上。

　　周公並不是不要刑罰,而是希望把德政與刑罰結合起來,從根本上避免商滅的教訓。在〈康誥〉中,他對康叔說:「靠汝德之說於罰之行。」意思是說,我告訴你如何在推行德政的同時使用刑罰的方法。周公的「明德慎罰」思想集中體現在〈康誥〉中,〈康誥〉因此就成了中國刑法史,乃至世界刑法史上具有劃時代意義的歷史文獻。後來,深得周公法律思想真諦的康叔,很好地治理了衛國的殷遺民。《史記・衛世家》說:「康叔之國,既以此命(即〈康誥〉)能和集其民,民大悅。」康叔本人也成了周王朝貴族中的法律權威,後來被周成王召回,擔任了周王朝的最高司法長官——司寇。這樣又為周公的「明德慎罰」思想在全國的司法實踐中得以大力推行,打下了良好的基礎。

第四章　法律思想：明德與慎罰

在《尚書》的周初諸誥中，除〈康誥〉以外，〈酒誥〉、〈梓材〉、〈無逸〉、〈立政〉等篇也闡述了不少周公關於刑法的觀點。綜合起來，周公的「明德慎罰」思想主要表現在以下幾個方面：

第一，要求對罪犯進行具體分析，區別對待。

他說：「人有小罪，非眚，乃惟終，自作不典；式爾，有厥罪小，乃不可不殺。乃有大罪，非終，乃惟眚災，適爾，既道極厥辜，時乃不可殺。」（《尚書·康誥》）也就是說，要區別故意（「眚」）與過失（「非眚」）、偶犯（「非終」）與慣犯（「惟終」）以及認罪態度等不同情節，並加以懲罰。對於故意和慣犯又不認罪的罪犯，雖犯小罪也要處以重刑；對於過失和偶犯又能服罪的罪犯，雖犯大罪也可減刑。這表明，周公在定罪量刑上已考慮到了犯罪者的主觀動機。對於周公的這一觀點，史學家李亞農給予了極高的評價。他說：「法律在當時，作為進行階級壓迫的工具來說，得到了如此正確、如此巧妙的運用，毫無問題，發揮了它最大的威力，收到了它最大的效果。剛剛從野蠻階段踏進文明的大門的周公，早在三千年前就創造了這麼一套法律哲學的理論，實在是驚人的。怪不得周人要把他當作空前未有的偉大的聖人來崇拜，而將一切赫赫武功、一切文化的創造、一切制度的建立通通歸功於他。」[014]

---

[014] 李亞農著：《李亞農史論集》，下冊，上海人民出版社，第693頁。

第二，不要以個人意志作為法律依據。

周公在對康叔的訓誡中，特別提醒後者「勿庸以次汝封」。就是說，不可憑你個人的意志斷案。他還對康叔說：「非汝封刑人殺人，無或刑人殺人。」(《尚書·康誥》)意思是說，刑罰不能徇一己之私，不是你說刑殺就刑殺、你說不刑殺就不刑殺。這種觀點已經非常接近我們今天的刑事訴訟原則。周公早在三千年前提出這一觀點是極為難得的。

第三，廢棄族誅、連坐，主張罪止一身。

針對殷商王朝刑法「罪人以族」，濫施族刑，牽連無辜甚多的弊端，周公強調「父子兄弟，罪不相及，況在群臣」(《左傳》昭公二十年引〈康誥〉)。因此，他主張只懲罰罪犯本人。

第四，要根據不同地區的歷史和特點採取不同的刑法。

周公指示受封於殷墟的康叔和受封於奄國的長子伯禽，根據這些地區都曾是殷商王朝中心的情況，要「啟於商政，疆以周索」。他又指示封於夏墟的唐叔，要「啟以夏政，疆以戎索」(《左傳》定公四年)。這就是根據不同封國的國情，援法用刑採取不同的政策。《周禮·秋官·司寇》說：「刑新國，用輕典；刑亂國，用重典；刑平國，用中典。」這種根據社會治亂情況來決定量刑輕重的觀點，對中國傳統法律文化產生了重要影響。「重典刑亂世」在封建社會後期成了君主專制的法律依據。

第四章　法律思想：明德與慎罰

第五，對犯罪的殷遺民施以較輕的刑罰。

周公把殷遺民犯罪同周人犯罪區別開來，對周人的處罰要嚴於殷遺民。同樣是「群飲」，對周人的處罰是「盡執拘以歸於周，予其殺」，對殷遺民的處罰卻是「勿庸殺之，姑惟教之」。（《尚書·酒誥》）與歷史上常常出現的征服者無情地鎮壓被征服者的做法相反，周公在以「小邦周」統治「大邑商」的周初，充分考慮了周人統治力量較為單薄的現實，對廣大殷遺民採取了懷柔、安撫的法律對策。這種「慎罰」的措施，實際上也是一種爭取殷遺民之民心的極為明智的策略。

第六，反對亂罰無罪、濫殺無辜。

周公說：「奸宄殺人，歷人宥」（《尚書·梓材》），即歹徒殺人，無關的過路人不承擔責任。這樣就縮小了牽連面，減少了錯判。周公還以高度的歷史責任感，從周王朝的長治久安出發，一再告誡文王子孫「其勿誤於庶獄庶慎」，即千萬不要自誤，對刑罰一定要謹慎對待。他對殷人提出的「勿庸殺之，姑為教之」（《尚書·酒誥》）的處理辦法，是後來「先教後刑」思想的淵源。

第七，提出了既往不咎的量刑策略。

周公對康叔說：「肆往，奸宄、殺人、歷人，宥；肆亦見厥君事、戕敗人，宥。」（《尚書·梓材》）就是說，對往日曾為匪為盜的罪犯、曾殺人的罪犯及擄人的罪犯，要赦免他們；

對往日曾洩漏國君機密的罪犯、曾殘害人身體的罪犯,也要赦免他們。這有利於周王朝盡快穩定局勢、鞏固政權、爭取人心。

第八,要求對犯罪的生理能力弱的人實行寬恕。

周公對康叔說:「至於敬寡,至於屬婦,合由以容。」(《尚書·梓材》)就是說,對於鰥寡老人和孕婦要多施恩澤,對他們的犯罪要加以寬容。

第九,要求刑罰適中。

周公要求司寇蘇公(即蘇忿生):「茲式有慎,以列用中罰」,即要十分謹慎地依法行事,刑罰要適中。這對防止濫用刑罰具有正向意義。

第十,要謹慎地對待犯人的供詞。

為防止錯判,周公要求在審察犯人證詞的時候要慎之又慎。他說:「要囚,服念五六日,至於旬時,丕蔽要囚。」(《尚書·康誥》)就是說,在審察犯人的供詞時,要考慮五到六天,甚至要考慮十天,一定要非常慎重地去審察犯人的供詞。

生活於三千年前的周公,在人類文明程度尚處於較低水準的歷史時期,便已能夠比較準確地理解和處理上述一系列法律問題,這是相當了不起的成就。這在世界刑法史上也是十分罕見的。

第四章　法律思想：明德與慎罰

　　周公的法律思想也不是一味地講「慎罰」。他的刑法觀點也有統治階級嚴酷的一面。他要求對「不孝不友」、「寇攘奸宄，殺越人於貨」等危害宗法等級秩序和私有財產的罪犯，要「速由文王作罰，刑茲無赦」，即按文王的刑法嚴懲他們而不準赦免。他還要求對「不率大戛，矧惟外庶子訓人、惟厥、正人、越小臣、諸節」（《尚書·康誥》）（即不遵守國家大法的各級各類官吏），要「速由茲義率」，即迅速按法令捕殺他們。這表明，周公的「慎罰」原則建立在維護周王朝這個奴隸制國家政權的大前提之上，其歷史局限性十分明顯。

　　周公身為一個大政治家，其「明德慎罰」思想也必然是為解決政治難題而提出的。在相當大程度上，它是一種機智的政治策略。比如，在法律上對殷商遺民施以較寬鬆的刑罰，也是出於安撫、懷柔這些具有反叛意識的人們的客觀需求。但是，不可否認，「明德慎罰」思想的提出，是中國刑法史上的一個重大進步，其正向意義是不能低估的。

　　周公的「明德慎罰」思想對中國傳統法律文化產生了深遠的影響。「明德慎罰」要求在推行德政的基礎上謹慎地使用刑法，這實際上就是「德主刑輔」思想的淵源。在中國法律思想史上，「慎刑罰」、「先德後刑」、「德主刑輔」的思想始終占據著主導地位。

　　儒家創始人孔子曾在短時期內擔任過魯國的中都宰、小司空和司寇等官職，親自從事過司法活動。他在法律思想上

二、明德慎罰

繼承了周公的「明德慎罰」思想，提出了「先教後刑」、「德主刑輔」和「以德去刑」等一系列法律觀點。他反對「不教而殺」，提倡透過德化和禮教來預防犯罪和教化罪犯。他主張透過德治消除犯罪。他說：「善人為邦百年，亦可以勝殘去殺矣。」(《論語·子路》)他認為，只要長期堅持德治，就可以達到「無訟」。如此一來，就不用刑罰了。這就是後來人們所歸納的「以德去刑」觀點。孔子當然也不完全否認刑罰的強制作用。但是，他強調在使用刑罰時，要寬猛相濟。他說：「政寬則民慢，慢則糾之以猛。猛則民殘，殘則施之以寬。寬以濟猛，猛以濟寬，政是以和。」(《左傳》昭公二十年)寬猛結合的觀點，實際上就是對周公「慎罰」與嚴懲重大犯罪相結合思想的繼承。孔子雖然主張用刑，但他始終認為刑必須建立在禮的基礎之上，「禮樂不興，則刑罰不中；刑罰不中，則民無所措手足」(《論語·子路》)。這與周公的觀點也是一致的。

在孟子的仁政學說中，也並不否認刑罰的作用。但他認為重刑濫殺是「虐政」和「暴政」的表現，因此主張「省刑罰」，「不嗜殺人」。他總是譴責濫殺無辜的行為：「殺一無罪，非仁也」(《孟子·盡心上》)，「行一不義，殺一無辜，而得天下，皆不為也」(《孟子·梁惠王上》)。他勸告國君一定要謹慎地使用死刑，不能只聽一面之詞而草率地做出決定。「左右皆曰可殺，勿聽；諸大夫皆曰可殺，勿聽；國人皆曰可殺，然後察之，見可殺焉，然後殺之。」(《孟子·梁惠王上》)

第四章　法律思想：明德與慎罰

周公的「明德慎罰」思想，在被儒家發展為「德主刑輔」的法律思想以後，往往以「明刑弼教」的形式出現，成為歷代封建王朝法律制度的指導思想。

自漢武帝時期確立儒家思想在法律上的統治地位以後，「德主刑輔」思想在中國封建時代法律制度史上一直發揮著重要指導作用。漢代在法律制度上實行矜老憐幼的恤刑原則、親親得相首匿的原則、法不溯及既往的原則，這些都是周公和儒家「慎罰」思想的具體化。同時，漢代統治者實行以政教為本、以法律為手段的政策，並且把德教放在首位，這又是「明德」的具體化。唐太宗李世民吸取了隋煬帝濫用刑罰導致隋王朝覆滅的教訓，採納魏徵的建議，「以寬仁治天下，而於刑法尤慎」（《新唐書·刑法志》）。他強調慎獄恤刑，認為「死者不可復生，用法務在寬簡」（《舊唐書·刑法志》）。在處理具體案件上，他要求「慎刑，重人命」。他提出：死刑案件在判決後，須向皇帝奏報三次，經批准後方可執行。不久，他又提出將三覆奏改為五覆奏，以示更加慎重。唐代法律在「明德慎罰」思想指導下，始終貫徹「德禮為政教之本，刑罰為政教之用」（《唐律疏議·名例》）的精神，力求做到輕刑省罰、約法簡文。這對社會穩定曾發揮較為明顯的正向作用。唐高宗永徽年間，大理寺關押囚犯曾降至五十餘人，其中死刑犯僅二人。這一方面反映了社會治安的良好，另一方面也證明了唐代法律的寬刑慎罰的確是名實相符。宋代以後，宋

二、明德慎罰

明理學成為官方正統學說。理學集大成者朱熹認為「三綱五常」是「天理民彝之大節」,因此法律「必以人倫為重」。他認為,「法度禁令」只能夠「制其外」,「道德齊禮」才能「格其心」,所以應「明刑以弼五教,以期於無刑」(〈推廣御筆二事狀〉)。雖然宋、明等王朝都奉行「重典治亂世」的原則,同「慎罰」思想是背離的,但此時的統治者仍未放棄先教後刑、德主刑輔的觀點。明太祖朱元璋在《大明律》完成以後告諭群臣:「朕仿古為明治,明禮以導民,定律以繩頑。」他唯恐新的立法「小民不能周知」,十分重視大明律令的宣傳,認為這樣做的結果是「吾民可以寡過矣」(《明史·刑法志》)。朱元璋雖然贊成「刑亂國用重典」,但他表示「用刑之道貴在中。得中則刑清,失中則刑亂。刑亂則政衰矣」(《明太祖寶訓》卷五)。

綜上所述,周公在周初所提出的「明德慎罰」思想是一根始終貫穿於中國法律思想史和中國法制史的主線,並由此構成了中華法系區別於世界其他法系的重要特徵。

第四章　法律思想：明德與慎罰

第五章
倫理思想:「德」與「孝」

中華民族素有「禮儀之邦」之稱,這一概說是很有道理的。開創「禮儀之邦」的時代應該說非周代莫屬,而奠定周代倫理政治思想及其制度的功臣則首推周公。周代建立在宗法血緣奴隸制基礎上的「親親」、「尊尊」原則及其「德」、「孝」、「禮」等道德內容直接為儒家所繼承和發展,並成為影響整個中華民族及整個封建時代的倫理綱常。

一、周代以前的道德觀念

任何思想都不是憑空生長出來的,都必然是對先前思想有選擇地吸收和揚棄。周公的倫理思想建立在氏族部落原始道德觀念和夏、商奴隸制道德思想基礎之上,所以,研究周公倫理思想,應該先溯其源。

馬克思說:「不是意識決定生活,而是生活決定意識。」[015]原始人道德意識的產生,完全是由他們的生活狀況、生存方式所決定的。最早的原始人迫於生計,已經意識到必須利用

---

[015]《馬克思恩格斯全集》,第 3 卷,人民出版社,第 30 頁。

第五章　倫理思想：「德」與「孝」

集體力量來與自然界鬥爭。在此階段，個人的行動天然地服從集體的需求，但這種意識尚談不上什麼自覺道德意識。正如馬克思所說：「這是純粹畜群的意識，這時人和綿羊不同的地方只是在於：意識代替了他的本能，或者說他的本能是被意識到了的本能。」[016] 也就是說，原始人早期的集體意識尚帶有動物的本能。當原始人從自然群體過渡到氏族部落以後，那種原始的集體意識逐漸發展成為一種以原始集體主義為核心的原始道德。這種原始道德典型地體現在母系氏族部落的集體生活中。母系氏族部落以血緣關係為紐帶連繫在一起，每個氏族成員都把自己視作氏族的一部分，一切服從氏族利益。氏族成員之間有一種天然的血緣親情關係，沒有歧視，沒有高低貴賤之分，人與人之間是一種平等、互助關係。氏族首領由氏族會議推選最有經驗、最有威望的人來擔任，並受全體氏族成員的監督，不稱職就會被罷免。氏族首領沒有特權，和全體氏族成員一樣參加勞動和對外征戰。氏族首領對氏族成員的領導不是靠刑罰，而是靠自己的經驗和道德品格力量。傳說中的神農氏「身自耕，妻親織」，因而「神農無制令而民從」（《淮南子·氾論訓》），就是反映了這種情況。儒家的《禮記·禮運》對氏族社會的道德狀況作了如下描述：

「大道之行也，天下為公。選賢與能，講信修睦。故人不

---

[016]《馬克思恩格斯全集》，第 3 卷，人民出版社，第 35 頁。

一、周代以前的道德觀念

獨親其親，不獨子其子……男有分，女有歸。貨惡其棄於地也，不必藏於己；力惡其不出於身也，不必為己。是故謀閉而不興，盜竊亂賊而不作。故外戶而不閉，是謂大同。」

這種描述在相當程度上反映了儒家思想家嚮往的「大同世界」的社會理想，也在一定程度上反映了原始氏族部落的「平等」、「為公」、「集體主義」的樸素道德風尚。這種道德風尚還稱不上是原始人自覺的道德意識，而僅僅是一種自發的傳統習慣和盲目的外部力量。

隨著生產力的發展，父系氏族公社逐漸取代了母系氏族公社。父系氏族的一個顯著特徵就是個體家庭的出現。在家庭中，父親擁有絕對權力和威信，妻子、子女必須絕對服從。一些大家族的族長逐漸操縱氏族領導權，成為氏族顯貴。部落戰爭中的戰俘淪為富裕家庭的奴隸。這樣，原來氏族內部的平等關係就被打破了，尊卑貴賤的等級制度、宗法制度開始萌芽。與此同時，也造就了個人意識中醜惡、骯髒的一面：某些氏族顯貴及其子弟驕橫霸道，利用權力侵吞氏族部落的公共財產；在氏族或家族內部爭權奪利，甚至迫害父兄；在人與人的關係中開始有了背信棄約；個人私欲開始膨脹……等等。

一切都是相反相成的。正是因為父系氏族公社開始出現上述非道德現象，因而也喚醒了人們的道德意識。從一些古老的傳說中可以看出此時人們已開始有了比較自覺的道德意

第五章　倫理思想：「德」與「孝」

識和道德評價，如關於堯、舜的傳說就是充滿讚譽的道德評價。《尚書·堯典》記載：帝堯「欽明文思安安、允恭克讓，光被四表，格於上下。克明俊德，以親九族。九族既睦，平章百姓，百姓昭明，協和萬邦，黎民於變時雍」。而一些英明的氏族首領還能利用道德來調節各種關係。如傳說黃帝因「修德而振兵」（《史記·帝本紀》），故戰勝蚩尤；舜「順事父及後母與弟，日以篤謹」（《史記·帝本紀》），受到人們的愛戴。據《韓非子·五蠹》記述：「當舜之時，有苗不服，禹將伐之。舜曰：『不可。上德不厚而行武，非道也』。乃修教三年，執干戚舞，有苗乃服。」可見舜已能自覺地利用道德來調節內部關係。

具體說來，父系氏族社會究竟有哪些道德觀念或道德標準呢？據《史記》、《左傳》等一些後人的記載來看，當時人們已有了「齊、聖、廣、淵、明、允、篤、誠」、「忠、肅、共、懿、宣、慈、惠、和」以及「父義，母慈、兄友、弟共（恭）、子孝」等道德觀念和道德標準了。這些道德觀念可能摻入了後人的思想，未必可靠，但與「惡」相伴而生的一些道德觀念則是完全可信的，這就是：與侵略公有財產相伴而生的「忠」的道德觀念，即一心為公，維護氏族公社的公有財產；與驕橫霸道相伴而生的「慈」、「和」的道德觀念，即維護氏族內部人與人之間平等、親密的關係；與在家庭內部爭權奪利、迫害父兄相伴而生的「孝」、「友」的道德觀念，即尊老

一、周代以前的道德觀念

愛幼的家庭道德觀念；與背信棄約相伴而生的「允」的道德觀念，即講究信義的道德觀念。

父系氏族公社開始出現的「貪欲」等非道德現象，必然破壞原始氏族制度。恩格斯寫道：「最卑下的利益——庸俗的貪欲、粗暴的情慾、卑下的物欲、對公共財產的自私自利的掠奪——揭開了新的、文明的階級社會；最卑鄙的手段——偷竊、暴力、詐欺、背信——毀壞了古老的沒有階級的氏族制度，把它引向崩潰。」[017]

夏是中國歷史上第一個奴隸制國家。禹被舜推舉即位後，即開始把氏族部落聯盟會議變成自己專斷獨行的機構。據古文獻記載，「禹朝諸侯之君會稽之上，防風之君後至而禹斬之」（《韓非子·飾邪》），「禹合諸侯於塗山，執玉帛者萬國」（《左傳》哀公七年）。禹召集諸侯不僅要諸侯繳納玉帛，還將晚到的部落首領殺死，足見禹已完全破壞了氏族制度的平等原則，成了名副其實的專制君主。禹死之前有意培植兒子啟繼承王位，徹底破壞了氏族部落的「禪讓」制度。據古籍記載，啟是個好酒縱慾、奢侈腐化的人，「啟乃淫溢，康樂於野，飲食將將，銘莧磬以力，湛濁以酒，渝食於野，萬舞翼翼，章聞於天，天用弗式」（《墨子·非樂上》）。據《尚書·皋陶謨》記載，舜征服苗民主張用德教，其大臣皋陶也主張為政靠九德，這說明道德在原始社會末期具有很重要的社會

---

[017]《馬克思恩格斯選集》，第四卷，人民出版社，第 94 頁。

第五章　倫理思想:「德」與「孝」

作用。禹繼位後開始重視建立刑法,即《左傳》所記敘的「夏有亂政,而作禹刑」。啟一方面依靠嚴酷的刑法作為統治手段,一方面又依靠「天命鬼神」的權威為自己的統治行為作論證,而對道德的社會調節作用置若罔聞。《尚書·甘誓》是啟討伐有扈氏的戰爭動員令,寥寥數語,就講了兩點:替天行命和賞罰分明,沒有任何道德論證。這種崇尚天命、依賴酷刑、輕視道德的思想和做法一直持續到夏末。許多古籍都記載了這種情況:夏的第十三代王孔甲「好方鬼神事,淫亂,夏后氏德衰。諸侯畔之」(《史記·夏本紀》)。夏桀更是荒淫無恥,「有夏昏德,民墜塗炭」(《尚書·仲虺之誥》),「夏王滅德作威」(《尚書·湯誥》)。可見,夏朝在倫理思想上沒什麼新發展。

　　商朝吸取了夏朝忽視道德的教訓,特別是夏桀荒淫無恥導致夏朝滅亡,更給商統治者以深刻的教訓,故商統治者一般都比較重視道德的作用。周公在對殷民的誥令中也承認:「自成湯至於帝乙,罔不明德恤祀,亦惟天丕建,保乂有殷。」(《尚書·多士》)成湯在討伐夏桀的戰爭動員令中,除假天之命外,對夏桀殘酷地剝削、壓榨人民的罪行做了聲討,指出夏桀已造成天怒人怨。這與夏啟討伐有扈氏的戰爭動員令形成鮮明的對照。

　　傳說成湯很重視德,因此諸侯都歸心於他。「桑林禱雨」的傳說頗能說明成湯具有較強的道德責任感:「昔者湯克夏而

正天下。天大旱,五年不收。湯乃以身禱於桑林,曰:『余一人有罪,無及萬夫;萬夫有罪,在余一人。無以一人之不敏,使上帝鬼神傷民之命』。於是剪其髮,酈其手,以身為犧牲,用祈福於上帝。民乃甚說,雨乃大至。」(《呂氏春秋‧季秋篇》)商朝另一著名的國君盤庚遷殷的一個重要目的就是去奢行儉,「式敷民德」。他主張「用罪伐厥死,用德彰厥善」,聲稱「予亦不敢動用非德」、「朕不肩好貨,敢恭生生,鞠人謀人之保居,敘欽」(《尚書‧盤庚》)。就是說,盤庚十分重視道德的作用,他絕不任用那些貪財聚貨之人,而是尊敬和重用那些有德之人、那些能使人民安居樂業之人。在《尚書‧高宗肜日》中,祖己對高宗提出了「典厥義」、「正厥德」、「王司敬民」、「典祀無豐於昵」等道德告誡,就是要求高宗循義理,按道德辦事,要敬民,不要過分盤剝人民,在父廟祭祀時要節儉,祭品不要過於豐盛。

儘管商代統治者一般都很重視道德的作用,但與「天命鬼神」的作用相比,道德又不能不退居其次。正如《禮記‧表記》所云:「殷人尊神,北民以事神,先鬼而後禮」,對「天命鬼神」的絕對崇拜主宰了殷人的政治生活和精神世界,所謂「商俗尚鬼」的說法是有道理的。所以,商代雖然有了比較自覺的道德意識,也提出了個別較抽象的道德概念,但始終未能建立起較系統的倫理思想體系。中國古代倫理思想誕生的標誌,應是以周公為代表的西周倫理思想的建立。

/ 第五章　倫理思想：「德」與「孝」

二、周公的「德」、「孝」倫理觀

以周公為代表的周代倫理思想既是對先前倫理思想的批判繼承，也是周代社會政治經濟制度的反映。《尚書·周書》集中反映了周公的倫理思想。

周初統治者首先從夏、殷的滅亡中總結出深刻的教訓，便是夏、殷的後王迷信天命、輕視道德，從而導致滅亡。對此，周公作了這樣的總結：「非天庸釋有夏，非天庸釋有殷，乃惟爾辟以爾多方，大淫圖天之命，屑有辭。乃惟有夏圖厥政，不集於享。天降時喪，有邦間之。乃惟爾商後王逸厥逸，圖厥政，不蠲烝，天惟降時喪。」（《尚書·多方》）就是說，並非上天要捨棄夏國，也不是上天要捨棄殷國，而是因為你們的四方諸侯淫逸放肆，閉塞天命，還振振有詞地為自己的罪行辯護。夏國政治黑暗，又不認真祭祀上天，所以上天降下亡國大禍，讓殷代之。也因為你們商的後王縱慾享受，政治同樣黑暗，所以上天也降下亡國之禍。同時，周公又指出：「自成湯至於帝乙，罔不明德恤祀，亦惟天丕建，保乂有殷。」（《尚書·多士》）就是說，從成湯革夏到帝乙，之所以能治國安民，一個重要原因就在於他們十分注重「明德」。鑒於夏、殷滅亡的深刻教訓，召公在對成王的諄諄勸告中兩次提到要成王「疾敬德」，否則「惟不敬厥德，乃早墜厥命」（《尚書·召誥》）。一個「疾」字，充分說明周初統治者

二、周公的「德」、「孝」倫理觀

已深刻意識到了「敬德」對於鞏固政權的重要性和迫切性。

鑒於夏、殷的經驗教訓，周公制定了以「德」治國、以「孝」治民的統治方針。正如侯外廬先生在《中國思想通史》中所指出的：「有孝有德」是西周的「道德綱領」。這個綱領既是西周宗法等級制度的反映，也是以周公為代表的西周政治思想家道德覺醒的成果。

關於「德」的含義，專家學者們已有許多考證和研究。陳來先生認為「德」字在甲骨文、金文中已出現，在文獻中最早可見於《堯典》。從《堯典》中使用「德」的情況看，至少有三種含義：其一指某種可以從道德上加以評價的行為或意識狀態，如「俊德」指符合道德的行為或意識，「否德」則指鄙陋的行為或意識。《左傳》文公十八年載魯太史克語：「孝、敬、忠、信為吉德，盜、賊、藏奸為凶德」，也就是在這種意義上來使用「德」。其二指「美德」。其三指具有美德的人[018]。何謂「美德」呢？據溫少峰先生的研究，在殷商甲骨文中，「德」的含義為「征伐」，而征伐的結果是「獲得」，是占有奴隸和財富，故「德者得也」[019]。奴隸主貴族透過征伐而掠奪、占有奴隸和財富的行為被奴隸主稱譽為「有德」（即「有得」），足見道德的階級性。正如恩格斯所言：「人們自覺地或不自覺地，歸根到底總是從他們階級地位所依據的實際關係中——

---

[018] 陳來著：《古代宗教與倫理》，三聯書店 1996 年版。
[019] 參見《中國哲學》第八輯。

第五章　倫理思想：「德」與「孝」

從他們進行生產和交換的經濟關係中，吸取自己的道德觀念。」[020] 這是奴隸主階級社會中「德」的階級含義。而在原始氏族公社中，「德」的含義則是指個人的品性。《尚書·虞書》記載了所謂「九德」，即「寬而栗，柔而立，愿而恭，亂而敬，擾而毅，直而溫，簡而廉，剛而塞，強而義」（《尚書·皋陶謨》）。就是指寬宏大量而不失嚴肅認真；性情溫和而不失獨立主見；小心謹慎而不失莊重嚴謹；辦事有才幹而又踏實認真；虛懷若谷而不失剛毅果斷；性情秉直而不失態度溫和；從大處著眼又能從小處著手；剛正而不魯莽，勇敢而善良。在原始氏族公社時期就對「德」做了如此詳細的界定似不太可能，這多數是後人借古人塞進了自己的思想，不足為憑。但關於堯、舜、禹氏族首領勤於政務、明察是非、推賢讓能、吃苦耐勞、一心為公的個人美德的傳說，則大體上是符合原始氏族社會實際情況的。

周公以「德」治國的思想正是在德的上述兩種基本含義上發展起來的。

周公提倡的「敬德」、「修德」主要是針對奴隸主貴族，特別是君王而言的，是指君德和正德。身為君主應具備哪些道德呢？周公在〈無逸〉篇中列舉了中宗、高宗、祖甲三個殷王的品德，周公說：中宗「嚴恭寅畏，天命自度，治民祗懼，不敢荒寧」，就是說中宗做事嚴肅謹慎，以天命為標準來檢查

---

[020]《馬克思恩格斯全集》，第三卷，人民出版社，第 13 頁。

二、周公的「德」、「孝」倫理觀

衡量自己,治理人民嚴謹認真,不敢怠惰,不敢貪圖享樂。而高宗「時舊勞於外,爰暨小人。作其即位,乃或亮陰,三年不言,其惟不言,言乃雍。不敢荒寧,嘉靖殷邦。至於小大,無時或怨」,就是說高宗小時候曾在外行役,和小人一起勞作,直到他繼承王位,並為其父居廬守喪,沉默寡言三年。由於群臣知君能盡孝,故高宗偶爾言談時,大家都能和悅從之。高宗始終不敢荒廢政事貪圖安逸,所以能把殷國治理得國泰民安,從小人到大臣無人發怨言。至於祖甲,「不義惟王,舊為小人。作其即位,爰知小人之依,能保惠於庶民,不敢侮鰥寡」。就是說祖甲的父親武丁欲廢長(祖庚)立小(祖甲),祖甲認為這樣做不義,便自己逃亡到民間長期當小民。於是等到他做了君王後,便能理解小民的疾苦,所以常施惠於小民,更不敢輕慢那些鰥寡孤獨之人。

除列舉殷朝的幾個清明君主之外,周公又列舉周朝的太王、王季、文王等幾個先王,稱讚他們「克自抑畏」(自我克制,謙虛謹慎),「卑服」(從事卑賤的工作),「即康功田功」(修整道路,耕種田地),「徽柔懿恭,懷保小民,惠鮮鰥寡」(善良仁慈,愛護小民,施惠於鰥寡孤獨之人),「自朝至於日中昃,不遑暇食,用咸和萬民」(從早晨到中午到下午,忙碌到無暇吃飯,以這種精神來治國安民),「不敢盤於遊田,以庶邦惟正之供」(不敢把邦國繳納的賦稅用於遊獵玩樂)。(《尚書·無逸》)

第五章　倫理思想：「德」與「孝」

　　綜上可見，周公強調的君德主要有三方面的內容：其一是「勤政」。周公告誡輔佐過文王的老臣：「爾知寧王若勤哉？」就是說，你們難道不知道文王是如何勤於政事的嗎？又說：「天亦惟用勤毖我民。」（《尚書・大誥》）就是說老天爺命令我們要勤謹。周公自己就很勤政，成王稱讚周公「勤施於四方」、「文武勤教」（《尚書・洛誥》）。其二是「節性」。所謂「性」，是指人的性情欲望。「節性」就是要節制自己的性情欲望，不能貪圖安逸享受。特別對享有特權的君王來說，「節性」是關係到穩固政權的大事。周公多次分析「節性」的重要性，認為夏桀因為「大淫泆」而亡國，商紂因為「惟荒腆於酒，不惟自息乃逸」而引起上天和人民的不滿，「故天降喪於殷」（《尚書・酒誥》）。所以，君王應「不敢荒寧」（《尚書・無逸》），「不敢自暇自逸」，「罔敢湎於酒」（《尚書・酒誥》），等等。其三是「惠愛」。所謂「惠」即「賜」之意。（《廣雅・釋言》）周公特別強調君王要「惠於庶民」，「惠鮮鰥寡」。肯不肯惠於庶民、鰥寡，關鍵看統治者對他們是否具有愛心。周公指責殷統治者是「爾心未愛」（《尚書・多士》），當然就談不上惠於庶民、鰥寡了。

　　周公強調君德並不僅是為提高君王個人道德修養，更重要的是為了以「德」來治國，故君德必須表現為政德。周公在給即將到殷地上任的康叔的誥詞中提出了一條重要的治國原則，即「明德慎罰」。周公說：「孟侯，朕其弟，小子封。

二、周公的「德」、「孝」倫理觀

惟乃丕顯考文王，克明德慎罰，不敢侮鰥寡，庸庸，祇祇，威威，顯民。用肇造我區夏，越我一二邦，以修我西土。」（《尚書‧康誥》）這段話的意思是說：康叔，我的弟弟，年輕的封啊！只有你那英明的父親——文王能夠崇尚德教，慎用刑罰，不敢欺侮那些無依無靠之人，任用那些應當任用之人，尊重那些應當受尊重之人，懲罰那些應當受懲罰之人，並讓庶民了解他的這種治國之道，這樣才在中夏開創了我們周國，並不斷擴大我們的領土，把我們西土治理得很好。周公要求康叔要很好地繼承文王的傳統，依據文王的德教來治理國家，而不是靠嚴刑酷法。所以周公特別叮囑康叔要「敬明乃罰」，即要小心謹慎而不失嚴明地對待刑罰，千萬不能隨心所欲地濫施懲罰。要「弘於天，若德裕乃身，不廢在王命」（《尚書‧康誥》），就是說要像上天那樣宏大，並具有美德，就能繼承和發展先王的事業。周公繼續教導康叔說：「嗚呼！封，敬哉！無作怨，勿用非謀非彝，蔽時忱。丕則敏德，用康乃心，顧乃德，遠乃猷，裕乃以；民寧，不汝瑕殄。」（《尚書‧康誥》）就是說：「封啊！治國要謹慎，不要有怨恨情緒，不要採用錯誤的政策和不合國家大法的措施而隱蔽了自己的誠心。要修明品德，安定心思，檢查德行，深謀遠慮，從而使民安寧，你就不會因為過錯而被推翻了。」康叔被封殷地，如何治理好「殷餘民」是關係到周政權能否鞏固的頭等大問題，所以周公為康叔制定了一條「勿庸殺之」的寬大政策，

第五章　倫理思想：「德」與「孝」

即對過去那些為非作歹、殺人搶人、刺探國君情報、殘害別人身體的罪犯都要寬恕。還要教化國民不要互相殘害，不要互相虐待，要尊敬無夫無妻的老人，更要照顧懷孕的婦女，如果他們犯了罪也要寬容，等等。總之，對曾經是敵對關係的「殷餘民」不能採取嚴厲鎮壓措施，只能採取懷柔、教化政策，唯有如此，才能使周王的子子孫孫永遠保有「殷餘民」，永遠維持其統治。

周公不僅建立起了以「德」治國的「德治主義」倫理政治、倫理模式，還建立了以「孝」治民的宗法倫理道德規範。

「孝」字最早見於殷商卜辭及金文，主要是用作地名和人名，尚不具有道德的含義。「孝」的道德觀念是在西周個體家庭經濟的基礎上形成的。「孝」的道德觀念一方面是對氏族社會基於血緣關係的「親親」感情的繼承，另一方面則是對西周社會個體家庭中父母與子女的撫養贍養、財產繼承等權利和義務關系的反映。

周公告誡康叔曰：「封，元惡大憝，矧惟不孝不友。子弗祗服厥父事，大傷厥考心；於父不能字厥子，乃疾厥子；於弟弗念天顯，乃弗克恭厥兄；兄亦不念鞠子哀，大不友於弟。惟吊茲，不於我政人得罪，天惟與我民彝大泯亂，曰：乃其速由文王作罰，刑茲無赦。」（《尚書·康誥》）這段話的意思是說，那些罪大惡極之人，也是不孝順、不友愛之人。當兒子的不恭敬地按父親的要求做事，大傷父親的心，當父親的

二、周公的「德」、「孝」倫理觀

就不會疼愛他的兒子，反而厭惡其子；當弟弟的不顧天倫，不尊敬他的哥哥，當哥哥的也就不顧念幼小的弟弟的痛苦，對弟弟極不友愛。父子、兄弟之間竟然到了這種地步，執政的人還不懲罰他們，上帝賜給我們統治人民的大法就會遭到嚴重破壞。所以說，你就應該趕快運用文王制定的刑法來嚴厲懲罰這些人，而不要寬恕他們。

父慈、子孝、兄友、弟恭，這就是周公建立的宗法倫理道德規範，而「孝」則是這套倫理道德規範的核心。如果說「父慈」尚體現了原始的血緣親情關係，那麼，「子孝」則從本質上反映了父子之間的權利和義務關係。馬克思說：「一夫一妻制使父子關係確實可靠！並且導致承認並確定子女對其先父財產的獨占權利」[021]。正因為子女享有繼承父母財產的權利，因而也就必須承擔贍養、尊敬、服從父母的義務。可見，「孝」的道德觀念是對父權制家庭經濟關係的反映，反過來又成為維繫父權制家庭以至整個宗族的紐帶。周公對於「孝」的維繫家庭和宗族的作用有十分清醒的認知，所以他告誡四方諸侯和殷國舊臣說：「爾室不睦，爾惟和哉。」（《尚書・多方》）身為子孫必須「永言孝思」（《詩經・大雅・下武》），對先祖祭禮不絕，則可維繫宗法系統「千萬斯年」。「孝子不匱，永錫爾類」（《詩經・大雅・既醉》），「孝」的作用昭然若揭。

---

[021] 馬克思：《摩爾根〈古代社會〉一書摘要》，第63頁。

第五章　倫理思想:「德」與「孝」

周人對「孝」的規定,根據不同的對象而有不同的內容。對於普通老百姓而言,「孝」主要是指贍養、恭敬父母。周公在〈酒誥〉中告誡殷遺民說:「嗣爾股肱,純其藝黍稷,奔走事厥考厥長。肇牽車牛,遠服賈,用孝養厥父母。」(《尚書‧酒誥》)意思是說,從今以後,你們要盡力勞動,專一於農事,要為你們的父兄奔走效力。在農事完畢以後,你們就可以趕著牛車,到外地做些買賣,以孝敬、贍養你們的父母。如果「子祇服厥父事,大傷厥考心」(《尚書‧康誥》),那就是「不孝」了。對於天子、諸侯和宗子等統治者而言,「孝」還包括祭祀先祖。因為他們是宗法系統中的嫡長子,只有他們才有繼承君位和宗子位的資格和權力,因而也只有他們才能祭祀先祖。周人把統治者祭祖稱之為「追孝」、「享孝」,如「追孝於前文人」(《尚書‧文侯之命》),「率見昭考,以孝以享」(《詩‧周頌‧載見》)等。透過「追孝」先祖來顯示嗣承先王統治地位的權力,以繼承先王的德業,這就是統治者「追孝」的實質所在。

周公為了讓「德」、「孝」等倫理內容落到實處,還特別制定了一整套「禮」的行為規範。只有人們的行為被嚴格控制在等級秩序的範圍中,才可能產先「德」、「孝」的道德自覺,這是周公制禮的良苦用心所在。

三、周公倫理思想對後世的影響

如前所述，周公的倫理思想奠定了整個華夏民族的倫理基礎，其深遠影響是不言而喻的。這裡僅就周公倫理思想被孔、孟儒家所繼承和發展的情況做一粗略分析。

眾所周知，孔子十分崇敬周公，而在周公的豐富思想中，孔子又尤為推崇周公的倫理道德思想，以至在孔子一生的教育活動中，道德教育成了最基本、最主要的內容。所謂「子以四教：文、行、忠、信」（《論語·述而》），這裡的「文」，主要指周代禮樂文化和《詩》、《書》等文獻，其內容當然是以倫理道德為主要內容。這裡的「行」則是指道德實踐。對此，孔子說得很清楚：「弟子入則孝，出則弟，謹而信，泛愛眾，而親仁。」（《論語·學而》）這裡的「忠」和「信」更是直接講道德原則。通觀一部《論語》，基本上都是在講做人的道德原則。在孔子看來，道德乃做人之本。「君子務本，本立而道生。孝弟也者，其為仁之本與！」（《論語·學而》）孔子的倫理思想集中於他的「仁學」，而其「仁學」又是對周公「孝」倫理思想的繼承和發展。

孔子的「仁」究竟是指什麼？在《論語》中，「仁」字出現過 109 次，有各式各樣的解說。但歸結起來，「仁」就是一個「愛」字，其他解說都是由此引申出來的。從字義上看，「仁，親也，從人從二」（《說文解字》）。孔子自己也是這樣解釋

第五章　倫理思想：「德」與「孝」

「仁」的：樊遲問仁，子曰「愛人」(《論語·顏淵》)。究竟愛什麼人？對此，學界看法不一，有人認為是指奴隸主貴族，也有人認為是泛指相對於己而言的他人，既可以是貴族，也可以是民，甚至可以是奴隸。前一種看法顯然是從階級對立的角度而言的，把人性簡單化了。後一種看法符合孔子「泛愛眾」(《論語·學而》)的本意，但沒有說清與基督教「博愛」的區別。實際上，孔子的仁愛思想是對周公建立在宗法血緣關係基礎上的「孝親」思想的繼承和發展。孔子把父子之間的這種「愛」視為最真摯、最純潔、最無私的愛，甚至連「父為子隱，子為父隱」(《論語·子路》)這種違背社會道德的做法，孔子也能原諒，認為這是出於「血緣親情」，是最真摯的愛的體現。正是這種「愛親」成為「仁」的最深層的心理基礎。所以，孟子也認為，「親親，仁也」(《孟子·盡心上》)，「仁之實，事親是也」(《孟子·離婁上》)。

父慈、子孝、兄友、弟恭，這些「親親」之愛成為「仁」的根本。按照推己及人的原則，孔子進一步把「愛親」推至「愛人」，主張「泛愛眾」。這就把周公的「孝親」思想大大推進了一步，把家族倫理上升為社會倫理，故孔子提倡行「仁」德於天下。據《論語·陽貨》記載：「子張問仁於孔子。孔子曰：『能行五者於天下，為仁矣。』請問之。曰：『恭、寬、信、敏、惠。恭則不侮，寬則得眾，信則人任焉，敏則有功，惠則足以使人。』」這裡的「恭、寬、信、敏、惠」都是「泛愛

眾」(仁)的具體表現。

孔子的「泛愛眾」，不僅超越了家族，也超越了民族。《論語・子路》記載：「樊遲問仁。子曰：『居處恭，執事敬，與人忠，雖之夷狄，不可棄也。』」也就是說，孔子要把他的仁德思想推及「夷狄」這些少數民族。所以，孔子曾有過「子欲居九夷」(《論語・子罕》)的打算，去實現所謂「君子所過者化」(《孟子・盡心上》)的抱負。正是孔子這種「泛愛眾」的仁德思想指導華夏民族在以後統一中華民族的歷史歲月中取得了極大的成功。

孔子把「泛愛眾」運用於治民，就是要求統治者「養民也惠」，對老百姓既要「教之」又要「富之」(《論語・子路》)，要「因民之所利而利之」(《論語・堯曰》)，甚至要求「博施於民而能濟眾」(《論語・雍也》)。孔子堅決反對統治者對民施行殘暴統治。《論語・顏淵》記載：「季康子問政於孔子曰：『如殺無道，以就有道，何如？』孔子對曰：『子為政，焉用殺？子欲善而民善矣。君子之德風，小人之德草，草上之風，必偃。』」也就是說，統治者的個人品德十分重要，統治者能以善待人，老百姓也必然隨之為善。何必用嚴刑酷法來統治人民呢？這種「為政以德」的思想是對周公「敬德保民」思想的進一步深化與發展，並為孟子的「仁政」學說奠定了思想基礎。

第五章　倫理思想：「德」與「孝」

　　如果說「愛人」是行「仁」的根本原則的話，那麼，「忠恕」就是行「仁」的具體方法了。正如曾參所概括的那樣：「夫子之道，忠恕而已矣。」（《論語・裡仁》）所謂「忠」，就是盡己為人，即「與人忠」（《論語・雍也》）；所謂「恕」，就是孔子自己所說的「其恕乎！己所不欲，勿施於人」，「躬自厚而薄責於人」（《論語・衛靈公》）。即我們平常所說的「將心比心」，「嚴於律己，寬以待人」，「親者嚴，疏者寬」。「忠」與「恕」分別從積極方面和消極方面體現了「愛人」原則，使人與人之間互相尊重、互相寬容、互助友愛。

　　孔子的「仁學」一方面繼承和發展了周公的「孝親」倫理思想，另一方面又糅合了周公的「禮制」思想。在孔子看來，「禮」並不只是一種儀式，因為透過「禮」這種儀式可以培養和體現人們的「仁愛」思想。「仁」是人們內心自覺的道德意識，「禮」是外在的道德規範。有了「仁」，必然會遵守「禮」；沒有「仁」，也可透過「禮」的規範來達到「仁」。所以，孔子認為：「克己復禮為仁。一日克己復禮，天下歸仁焉。」（《論語・顏淵》）當然，孔子所推崇的周禮實質上是一種維護宗法等級制的禮制，儘管孔子也主張做些「損益」，但並不改變其實質。所以孔子主張的「仁愛」是透過等級森嚴的禮制來體現的，按照宗法等級秩序即尊卑、貴賤、親疏的順序來愛人，既荀子所說：「親疏有分，則施行而不悖」（《荀子・君子》）。故主張「兼愛」的墨家批評儒家的「仁愛」是「親親有術」

(《墨子‧非儒上》)，愛有差等，並不是沒有道理的。這種建立在宗法血緣關係基礎上的、愛有差等的「泛愛眾」思想與基督教的「人人皆兄弟」的「博愛」思想的區別是顯而易見的。

綜上所述，孔子的「仁學」思想建立起了「君君、臣臣、父父、子子」這樣一種倫理模式，在嚴格的尊卑、貴賤、親疏的宗法等級秩序中，注入一種「父慈子孝」、「兄友弟恭」、「君禮臣忠」、「君惠民信」的溫情脈脈的人倫關係。這種倫理模式從另外的意義上而言，也是一種政治模式。「政治倫理化」或「倫理政治化」，這正是中國政治或倫理的特徵所在。

孟子的「仁政」思想就是在周公的「德治」和孔子的「仁學」基礎上建立起來的。

周公強調「德治」，其主要意圖是要求君王樹立起一個道德楷模，提高君王的威信，唯有如此，才能「得民」。孔子的「仁學」則強調了作為一個君子應該具備「仁者愛人」的本性。道德並非君王個人所壟斷。孟子則進一步指出每一個人都具有「仁心」（即惻隱之心、羞惡之心、辭讓之心），從而確立起他的「性善說」。將他的「性善說」推廣到倫理領域，就有了「父子有親、君臣有義、夫婦有別、長幼有序、朋友有信」的「五倫」道德準則；將他的「性善說」推廣到政治領域，便建立起了「以不忍人之心，行不忍人之政」(《孟子‧公孫丑上》)的仁政學說。

第五章　倫理思想：「德」與「孝」

孟子認為，只有行「仁政」，才能平治天下，才能「治天下可運之掌上」；反之，「不以仁政，不能平治天下」。（《孟子・離婁上》）為什麼行「仁政」能平治天下呢？孟子認為，行「仁政」能「得民心」，而是否「得民心」是能否「得天下」的關鍵。他分析說：「桀紂之失天下也，失其民也；失其民者，失其心也。得天下有道，得其民，斯得天下矣；得其民有道，得其心，斯得民矣。」（《孟子・離婁上》）行「仁政」，「推恩」於民，如「制民之產」，「省刑罰，薄稅斂，深耕易耨」等，民就會「中心悅而誠服也」（《孟子・公孫丑上》），就會「親其上，死其長矣」（《孟子・梁惠王下》）。以「推恩」換「感恩」，以「惠民」換「忠心」（實質上就是「忠君」），這就是孟子主張推行「仁政」的實質所在。

第六章
禮制體系：國家制度的雛型

「制禮作樂」，是世代所公認的周公一生的主要功績之一。周公的「制禮作樂」，實際上就是建立周代的一系列制度，它涉及政治、經濟、法律、宗法、禮儀、祭祀、教育等制度及樂舞活動，是對周人的社會政治文化活動的各個方面的較全面的規範。有關周公「制禮作樂」的一些內容，我們在「法律思想」、「政治思想」及「音樂文化實踐」等章都有敘述，本章只探討其中的幾個重要方面。

一、政權機構

自夏王朝建立以來，中國古代社會由原始社會末期的氏族制度逐漸演化出國家權力機構。由於夏代沒有文字留存，其政治制度的情況難知其詳。商代政權組織的設定情況，則有較多的文獻記載。郭沫若在〈金文所無考〉中指出，《尚書》中的〈康誥〉、〈酒誥〉、〈召誥〉、〈君奭〉諸篇所說「侯甸男邦采衛」，「均商代官制之孑遺」[022]。因此，周代政權機構並

---

[022] 郭沫若著：《金文叢考》，人民出版社 1954 年版，第 29 頁。

第六章　禮制體系：國家制度的雛型

非在沒有先例可循的情況下憑空產生，而是在前代的基礎上建立起來的。但是，由於夏商時期政權機構規模較小、較簡單，因此，周代政權機構的設立又不是對前代的簡單重複。據《通典》記載，夏、商、周三代職官數為「夏百二十員，殷二百四十員，周六萬三千六百七十五員」（卷十九〈職官一〉），這一數據的真實性雖未準確，但也反映了三代政權機構不斷擴大和完善的發展趨勢。

西周政權機構的特點是「內外服」的設立。所謂「內服」，即在中央任職的各級官吏；所謂「外服」，即被分封於王畿範圍以外和邊遠地區的貴族、侯伯。「內外服」的提法源於《尚書·酒誥》中周公對康叔的訓誡：「越在外服，侯甸男衛邦伯；越在內服，百僚庶尹、惟亞惟服、宗工越百姓里居。」郭沫若曾說：「〈酒誥〉之外服、內服即外官、內官」[023]，即「內外服」本於商制。這一看法不能說沒有道理，但沒有指出周公的「內外服」與商代「內外服」的區別。

根據《國語·周語》記載，祭公謀父說：「夫先王之制，邦內甸服，邦外侯服，侯衛賓服，蠻夷要服，戎狄荒服。」同一文獻中還有「昔我先王之有天下也，規方千里以為甸服」的記載。這說明，周人在服制上確有創新，並非完全因襲殷商舊制。

---

[023] 郭沫若著：〈金文所無考〉，見《金文叢考》，人民出版社 1954 年版，第 29 頁。

一、政權機構

改革服制，建立「內外服」新體制的這個「先王」是誰呢？根據金景芳先生的考證，這位「先王」就是周公[024]。我們認為，這個觀點是能夠成立的。因為在西周歷史上，能夠進行大量制度創新工作的人唯有周公，並且正如我們前面已考證過的，周公也的確有稱王的歷史，因此，這一推斷符合邏輯。「內外服」改革，正是周公「制禮作樂」的一項重要內容。

商代中央政府就已具有較大規模和較嚴密的分工體系。在《尚書》中，就載有不少輔政大臣所司職的「尹」、「保衡」、「臣」、「巫」等官名，在殷商甲骨文中還有「奭」這個官名。商代主要輔政大臣也稱為「相」。《史記·殷本紀》載，武丁時傅說被「舉以為相，殷國大治」。據文獻記載，伊尹、傅說、文王等商代重臣都曾為「三公」。商代的政務官員，主要有「宰」、「卿事」、「多尹」、「御事」、「事」等，已經具有相當規模和明確的分工，但尚不完善。

西周初期，成王年幼時，據傳周公曾為太傅，召公曾為太保，他們作為重要輔政大臣總宰過一切政務。根據周公所制定的禮制，周朝的政務由六官執掌。六官的情況，根據《周禮》的記載，大致是這樣的：六官按天、地和春、夏、秋、冬排列。其中，天官稱塚宰，掌邦治，統百官，總攬內政；地官稱司徒，掌管全國的教育；春官稱宗伯，掌邦禮，

---

[024] 金景芳著：《中國奴隸社會史》，上海人民出版社1983年版，第124頁。

/ 第六章　禮制體系：國家制度的雛型

主管全國宗教、文化事務；夏官稱司馬，掌軍事；秋官稱司寇，掌邦禁，主管司法事務；冬官稱司空，掌百工之事，即經濟事務。

官府屬員爵位分別為公、卿、大夫（中大夫、下大夫）、士（上士、中士、下士）。設具體辦事的府、史、胥、徒等吏員，官府中絕大多數職位，都有固定人數。六官中的每一官，其所屬官職都較多，其中地官司徒屬官最多，達七十八種。如果加上後補入的冬官（即〈考工記〉）所載的屬官數目，六官分職總計為三百七十八職。

在地方諸侯的管理上，商代稱諸侯為「外臣」，即在外之官，擺脫了夏代地方諸侯與中央政權的聯盟關係。據考證，在殷商甲骨文中有侯35個、伯39個，還有子、男等，都是爵稱，同時也是商王之臣。

周代在地方官體制上既承商制，又有較大發展。這就是關於「爵」、「謚」和「服」的明確規定。所謂爵，就是對統治集團成員尊卑等級的法律規定。所謂謚，就是其死後所加的美稱。《周禮・大宰》鄭玄注說：「爵為公侯伯子男卿大夫士也。」即諸侯有公、侯、伯、子、男五等爵祿，諸侯以下還有卿、大夫、士三等爵祿。諸侯們的爵位不同，其受封土地亦不相同。《禮記・王制》說：「天子之田方千里，公侯田方百里，伯七十里，子男五十里。不能五十里者，不合於天子，附於諸侯，曰附庸。」《周禮・大司徒》則說，公方五百

里,侯方四百里,伯方三百里,子方二百里,男方百里。由於孟子是贊成《禮記》的說法的,加之《周禮》記載的封土過多,不足信,故人們一般相信《禮記》的記載。

商代的「外服」(亦稱「外臣」)體制的詳情,並無權威的規定流傳下來,這極有可能是由商代服制的簡單性所造成的。周代對王畿外圍地方以五百里為一個單位,按距離遠近分秩列等,這就是「服」。不同「服」的國家所服貢賦的輕重不同。關於周代服制的具體分等,有兩種說法:一為「五服」,即前面引述過的祭公謀父所言的甸服、侯服、賓服、要服和荒服等;二為「九服」,即《周禮》所說:「職方氏……乃辨九服之邦國,方千里曰王畿,其外方五百里曰侯服,又其外方五百里曰甸服,又其外方五百里曰男服,又其外方五百里曰采服,又其外方五百里曰鎮服,又其外方五百里曰藩服。」這兩種說法是否相互矛盾?誰真誰假?我們認為,它們並不矛盾,也無所謂誰真誰假。原因在於外服制是在周王朝疆域不斷擴大的過程中持續推行的。祭公謀父所述之「先王之制」即「五服制」當為周初周公制禮時的疆土,而「九服」則應為西周鼎盛時期之疆土。

周代服制確有新的創造,其制定者當為周公。此問題前面已論述過。從「五服」到「九服」的變化來看,其具體執行情況在不同時期有所變化,但其基本原則仍是堅持周公制禮的傳統。

/ 第六章　禮制體系：國家制度的雛型

　　周公所制定的中央政權體制及中央與地方的管理體制，對中國後來政治體制的形成和發展產生了深遠影響。其中央與地方關係的處理已在政治思想部分探討過了，這裡不再重複。其六官建制的影響也是深遠的。中國封建社會時期自隋唐以後的吏部、戶部、禮部、兵部、刑部、工部等六部就是由此演變而來，並成為歷代官制的一個固定模式，不再移易。

二、經濟制度

　　西周經濟制度是以井田制為基礎的。井田在商代就已有之，商王及各級奴隸主都各自經營井田。商王掌握著大量的「附庸土田」，而將其餘的土地交給各級奴隸主去經營。每當春耕和收穫的時節，商王都要親自去視察。可見商王室直接經營著大量的井田。奴隸們常常數百人以至上千人為商王和王室貴族耕作和收穫。《孟子・滕文公上》說「殷人七十而助」，孟子解釋說：「助者，藉也」，也就是借民力以助耕公田的意思。也就是說，每家要種七十畝土地，按十比一交納貢賦。

　　西周井田制的情況，孟子說：「周人百畝而徹」，孟子自己解釋說「徹者，徹也」（《孟子・滕文公上》），玩了一個邏輯遊戲，等於什麼都沒說。這可苦了後世研究者們。他們認

二、經濟制度

為「徹」即「通」、「治」、「取」等,其說不一。我們認為「徹」釋為「通」這個觀點雖為不少人所承認,但似乎不解決問題,其他解釋更難令人滿意。「徹」法究竟為何法的問題,在沒有令人信服的證據出現前,我們只好把它擱置起來,不妄加推測,不作牽強附會之論。好在有關「徹」法的一些基本問題,孟子已交代得較為清楚,用不著我們在猜字上過多地下功夫。

西周井田制的制定者究竟是誰呢?《國語・魯語》中記載了孔子的一段話:「先王制土,籍田以力;賦里以入,而量其有無;任力以夫,而議其老幼。」這個先王是誰呢?孔子接著說:「若子季孫欲其法也,則有周公之籍矣。」這裡明確地指出,周公就是西周井田制的制定者。可見,西周所推行的井田制,也是周公「制禮作樂」的一個重要組成部分。

周代經濟是以農業為基礎的。《周禮》就體現了周人十分重視發展農業。在《周禮》「九職任萬民」的職業劃分中,「九職」的前四項均屬於廣義的農業;「一曰三農,種九穀。二曰園圃,毓草木。三曰虞衡,『作山澤之材』。四曰藪牧,養繁鳥獸」(《周禮・天官》)。按周代禮制,周王每年必須參加「籍田」大禮。周王應於每年立春前九日事先齋戒沐浴,屆時到王田上以農具撥一下土,表示親自參加了耕種。為了保護農業,《周禮》規定應合理制定農業稅賦,「凶年無力政,無財斂」(〈地官・均人〉)。《周禮》的重農政策與周公的思想是一致的。在〈酒誥〉中,周公對殷遺民說,你們今後要盡

第六章　禮制體系：國家制度的雛型

力勞動，專心致志地種好莊稼。在〈無逸〉中，周公對成王說：「先知稼穡之艱難，乃逸則知小人之依。」意思是說，先了解種田的艱難，這樣，處在安逸的環境中也會知道種田人的艱辛了。在〈多方〉中，周公對諸侯們說：「爾乃自時洛邑，尚永力畋爾田，天惟畀矜爾，我有周惟其大介賚爾，迪簡在王庭，尚爾事，有服在大僚。」意思是說，如果你們能夠樂於服從我們周國，能夠永遠種好你們的田地，上天就會憐憫我們，我們周國也會因此大大地賞賜你們，把你們提拔到朝廷中來，給你們職務，委以重要官職。由此可見，《周禮》的重農政策恰好體現了周公一貫倡導的重農思想，也應是周公「制禮作樂」的一個重要組成部分。

《周禮》也體現了周人十分重視商業。太宰的「九職任萬民」序列中，第六職即「商賈，阜通貨賄」，並且把對商賈的徵稅看成是國家財政的九項來源之一（《周禮・天官》）。為了管理好商賈，設立了大量官吏，如質人掌管各種貨物的供求，廛人掌管商業稅務，胥師負責取締商人的作偽，賈師負責物價之平議，等等。這一政策與周公的思想是一致的。周公在〈酒誥〉中說：「肇牽車牛，遠服賈，用孝養厥父母。」意思是說，在農事完畢後，就可以牽著牛車，到外地去從事貿易，以孝敬父母。這表明，《周禮》的商業政策也是周公「制禮作樂」的一個組成部分。

周公在經濟制度上的重農政策及思想對中國歷史產生了

重要影響。戰國末年的《呂氏春秋·上農》說:「古先聖王之所以導其民者,先務於農,民農非徒為地利也,貴其志也。民農則樸,樸則易用。」因此提出了「霸王有不先耕而成霸王者,古今無有」(《呂氏春秋·貴當》)的觀點。以後,重農主義成為歷代統治者們的基本國策。周公重農而不輕商的政策,卻沒能在後世統治者那裡繼承下來,以致「農本商末」成為歷代不移的「傳統」。我們在讚嘆周公的明智的同時,也不得不對歷史的畸變報以深深的遺憾。

三、禮儀制度

狹義的禮制是指禮儀,是禮中的一種禮節、儀式、儀文。周代禮制中的禮儀,主要記載於《周禮》和《儀禮》中。《周禮》只記載了王朝的禮儀,《儀禮》主要記載了士階層的禮節和儀文,兩部典籍互為補充,基本上反映了西周社會禮儀制度的全貌。

有關《周禮》與周公的關係,我們在「周公的法律思想」中已經探討過了,這裡不再敘述。《儀禮》也被歷代不少學者視為周公所作。陸德明、孔穎達、韓愈等都持如是觀點。《儀禮》到底與周公有何關係?與《周禮》相類似,周公以一人之力,要在短時間裡完成《儀禮》這樣繁而細的禮儀大典顯然不可能。但由於禮儀在當時具有十分重要的社會地位,

第六章　禮制體系：國家制度的雛型

因而其制定活動不可能與身為周初實際的最高統治者的周公無關。對於這個問題，我們贊同楊向奎先生的觀點。他說：「(《儀禮》)書雖不出於周公，其中的禮儀和原始的風俗習慣不同，是經過周初統治者加以改造，以適應社會需求，因此以現存《儀禮》作周公『制禮作樂』的部分內容，是說得通的。」[025] 楊先生還列舉了《左傳》、《論語》等古文獻所記載的大量具體典禮的史實，證實《儀禮》所載的典禮條文早已在周代現實生活中普遍流行，這從根本上否定了那種認為《儀禮》純屬後人杜撰的偽書的觀點，肯定了《儀禮》對於研究周公「制禮作樂」的禮儀方面的重要史料價值。

古代禮儀起源於原始氏族公社時期人們具有象徵意義的種種儀式。作為一種傳統習慣，在中國進入階級社會以後仍然保存下來。孔子早就看到了「禮」久遠的歷史。他說：「殷因於夏禮，所損益可知也；周因於殷禮，所損益可知也。」(《論語・為政》)孔子不僅清楚周代禮制與前代禮制的傳承關係，也看到了周代禮制對前代禮制的改造。周公在制定周代禮制的過程中，並非只是憑空創造，而是有所本的。但是，他又不是簡單地重複前代禮制，而是把禮儀貫穿於不同階層的周人的所有活動之中，建立了一套完整、周密甚至煩瑣的禮儀系統，從而使禮儀在周代具有了全新的意義。

周代禮儀系統有兩個劃分標準。《周禮》把王朝的禮儀

---

[025] 楊向奎著：《宗周社會與禮樂文明》，人民出版社 1992 年版，第 293 頁。

三、禮儀制度

分為吉禮、凶禮、賓禮、軍禮、嘉禮五類。《儀禮》把「士禮」劃為士冠禮、士昏禮、士相見禮、士喪禮、士虞禮、鄉飲酒禮、鄉射禮、燕禮、大射、聘禮、公食大夫禮、覲禮、喪禮、既夕禮、特性饋食禮、有司徹等十七類。

《周禮・春官・大宗伯》說：「以吉禮事邦國之鬼神祇」，「以凶禮哀邦國之憂」，「以賓禮親邦國」，「以軍禮同邦國」，「以嘉禮親萬民」。「五禮」中的每一種禮儀又有若干個具體禮儀。如「嘉禮」就有「以飲食之禮親宗族兄弟，以昏冠之禮親成男女，以賓射之禮親故舊朋友，以饗燕之禮親四方之賓客，以脤膰之禮親兄弟之國，以賀慶之禮親異姓之國」（《周禮・春官・大宗伯》）。「五禮」共包含三十五種具體禮儀。其中，除「嘉禮」的六種禮儀之外，一般都是王朝在各種重大場合中的禮儀。如「吉禮」是王朝祭祀之禮，以各種禮儀祭祀昊天上帝、日月星辰、司中、司命、風師、雨師、社稷、五祀、五嶽、山林川澤、四方百物、先王、先祖。而祭祀先王就有六種不同禮儀。其中除了規模較大的「祫祭」和「禘祭」以外，還有規模較小的春、夏、秋、冬四時祭祀。

《周禮》作為一部主要記載周王朝職官系統的典籍，對王朝禮儀的記載甚少，這一不足正好由《儀禮》來彌補。《儀禮》的內容基本上為各種禮儀流程的具體規定。《儀禮》中所記載的十七種禮儀，可以分別歸入《周禮》的吉、凶、賓、嘉四禮之中，尚缺軍禮。不過，即使《儀禮》還有缺失，但其

第六章　禮制體系：國家制度的雛型

記載已相當詳備，仍是一部不可多得的研究周代禮儀的珍貴文獻。

我們以幾個在西周社會中影響面較大的禮儀的主要流程、內容為例，管窺西周禮儀制度的基本面貌。

首先看看「冠禮」。《儀禮·士冠禮》和另一禮典《禮記·冠義》一章均記載了西周「士」以上的男子年滿二十歲時所舉行的冠禮。冠禮由青年男子的父親在宗廟中主持舉行。其過程是「筮日」，即由筮人選擇行禮的吉日。行禮前三天，「筮賓」，即由筮人選擇加冠的來賓。「戒賓」，即正式邀請賓客。「宿賓」，即促請賓客。行禮的時候，如果冠禮的青年為嫡長子，就必須站阼階。因為阼階是一家之主接待來賓的地方，即將加冠的嫡長子站在阼階就表示，這個兒子將來可以繼承父親的地位，成為家庭的主人。儀式開始後，有三次加冠。第一次加緇布冠。這是周代貴族男子所戴的普通帽子，它表示這個貴族男子成人了。第二次加皮弁。這是貴族男子所戴的一種比較尊貴的帽子，由幾塊鹿皮拼接而成。加此冠表示這個貴族青年有了參加兵役、保衛貴族的權利和責任。第三次加爵弁。這是一種紅中帶黑的帽子，加此冠表示這個青年男子取得了在宗廟中參與祭祀的權利。加冠之前，要由來賓發表祝詞。加冠之後，還要接受來賓的敬酒。然後，冠者要見母親。接著，由主持三次加冠的來賓為冠者取「字」。「字」是冠者作為成人在社交場合受到尊重的象徵。兒時父親所取

三、禮儀制度

的名,從此成為只有父親和師長才能稱呼的專名,朋友之間只能稱呼其字。取字之後,還要見兄弟姑姊。最後,還要拜見國君,拜見鄉大夫、鄉先生。拜見國君時要攜帶「雉」(野雞)作為禮品。在冠禮的每一個流程中,對參與禮儀活動的每一個人的言語和行為都作了嚴格的規定,不得違反。

再看看相見禮。《儀禮·士相見禮》記載了士與士相見之禮,及士見大夫之禮、大夫與大夫相見之禮、士大夫庶人見君之禮等。我們僅介紹「士相見之禮」。士做客拜訪時,需攜帶禮物。冬天用雉作禮物,夏天用腒(乾醃的鳥肉)作禮物。來客通報請見,主人回答不敢當,請對方回家,自己將登門造訪。雙方反覆兩遍對答以後,主人又說,聽說你執了禮來,請把禮物收起。客人回答說,若不執禮來就不敢相見,請收下禮物。然後主人說,我讓你收回禮物又得不到你的同意,只好從命了。於是,主人迎於門外,主客互拜。進門後,主人接受客人的禮物,客人出門後,主人再請客人進來。雙方會見完畢以後,客人告退,主人送出門外,雙方再拜後分手。這一過程,僅是「士相見之禮」流程的一半。按「禮尚往來」的規則,接受禮物的主人應執禮物回訪對方。這一次,雙方又互換角色,彼此像前次那樣客氣一番,並在會見時遵守同樣的禮儀,直到主人將回訪者送出門外,雙方互拜分手後,整個「士相見之禮」才告完結。

最後我們再看看鄉飲酒禮。根據《儀禮·鄉飲酒禮》記

第六章　禮制體系：國家制度的雛型

載，鄉飲酒禮的禮儀流程有如下內容：第一階段，飲酒前的準備工作。由主人與鄉先生商量邀請的賓、介（陪客）名單。然後，主人親自通知賓客和陪客，賓、介與主人彼此客氣一番，再應許下來。是為戒賓。接著，布置酒席的席次，只布置賓客、陪賓和主人席，眾賓席不在此列。同時，陳設酒具及盥洗用具於指定位置。擺設完畢，主人親自催促賓客入席。是為「速賓」。賓、介來臨，主人帶一「相」於門外迎接。雙方三揖三讓後，主賓分別登上阼階、西階，再拜。主賓彼此客氣一番後盥洗。然後，進入獻賓階段。主人取酒爵置於賓之席前，謂之「獻」。賓取酒爵於主人席前，謂之「酢」。主人再以觶自飲，然後再勸賓隨飲，這叫「酬」。主賓之儀完畢後，主人與陪客之間按主賓步驟互相「獻」、「酢」。最後，主人向眾賓獻酒，眾賓向主人獻酒。第二階段方告結束。獻酒時都要陳設指定的食物。主人與賓、介獻酒時薦上脯醢（乾肉片和肉醬）和折俎（盛有折斷的牲體的俎），主與眾賓獻酒時只有脯醢。每獻酒一次，雙方都需客套一番並盥洗。第三階段是演奏音樂。首先，在主人與賓、介、眾賓即席後，由一人向賓敬酒。此時，樂工四人升堂歌唱〈鹿鳴〉、〈四牡〉等雅樂。接著吹笙者奏〈南陔〉、〈白華〉等雅樂。吹奏幾首雅樂後，每奏一首樂，又歌唱一曲雅樂，有〈魚麗〉、〈南有嘉魚〉等。最後是合樂，笙奏與歌唱同時進行，曲目有〈關雎〉、〈葛覃〉等。整個階段曲目是固定的，共有十八個

之多。第四個階段即主、賓、介、眾賓之間的互酬。主人以「相」為「司正」，為自己「安於賓」，賓於是酬主人，主人再酬介，介於是酬眾賓。第五個階段是入席者較隨意地飲酒、吃肉。在司正受主人「請坐於賓」之命後，命弟子將折俎撤去，是為「徹俎」。然後，賓主脫履而坐，進酒肉至醉方止，稱為「無算爵」，此時樂工奏唱不斷，稱為「無算樂」。最後一個階段是飲酒禮的結束。賓出時吹奏〈陔〉樂，主人送於門外，再拜。至此，這一日的禮儀暫告結束，但此次鄉飲酒禮的全過程還未完。第二天，賓還要前來行拜謝之禮。這樣，全部禮儀才算完結。

從《周禮》、《儀禮》和《禮記》所記載的禮儀來看，其流程繁且多，內容極為格式化，過程冗長。貴族們在這些禮儀中衣食均極為講究，往往整日整夜不斷地像木偶一樣重複著固定的言行。這些似乎與周公在《尚書》之〈酒誥〉、〈無逸〉等誥詞中有關禁酒、無逸和勤政的思想相矛盾。這正是人們否認這些禮儀為周公所制的有力證據。我們認為，這種矛盾現象的產生正是周王朝後代統治者們不斷腐化後隨之增添禮儀細節的結果。即便如此，從這些繁文縟節中，我們也不難發現周公當年制禮作樂之遺風。冠禮中的禮儀，既是對貴族男青年進行「親親」的教育，也是對他們進行「尊尊」的教育。這對於他們成年後明確自己的權利與義務，確立他們在宗族、社會中的一定地位，是大有益處的。相見之禮中的

第六章 禮制體系：國家制度的雛型

禮尚往來和互相謙讓，並不是純粹的虛情假意，而是一種社會交往中的公平規則和公德規範。它十分有利於避免誤會和消除爭鬥。鄉飲酒禮的要旨是敬賢尊老。其中奏唱的大量雅樂，是以寓教於樂的方式向會飲者不斷強化禮與德的教育。在文化傳播方式較為原始、傳播媒介較為稀缺的周代，由周公所制的大量禮儀，正好在不同場合頻繁地充當了向貴族及普通百姓傳播文化的有效載體。在中國早期文明史上，號稱「禮儀三百，威儀三千」的宗周禮樂文明持續數百載的結果，對於華夏民族文化心理的積澱產生了決定性的影響。它所引出的心理習慣，經由景仰周禮的孔子等先儒的放大，最終使中國演變成「禮義之邦」。

四、教育制度

周公曆來重視以道德教化而不是刑罰的方式來治理國家，即使是對殷遺民也是如此。周公此類思想在他的多篇誥詞中都有體現，由於我們已在有關章節探討過了，這裡不再重述。周公重道德教化的思想，在其禮樂制度中就體現為對教育制度的重視。

根據《周禮・地官・大司徒》的記載，周代的教育範圍已較廣，不僅貴族及其子弟可以接受教育，就連平民也有受教育的權利。全國居民還要普遍實行十二種教育：「一曰以祀禮

教敬,則民不苟;二曰以陽禮教讓,則民不爭;三曰以陰禮教親,則民不怨;四曰以樂禮教和,則民不乖;五曰以儀辨等,則民不越;六曰以俗教安,則民不愉;七曰以刑教中,則民不虣;八曰以誓教恤,則民不怠;九曰以度教節,則民知足;十曰以世事教能,則民不失職;十有一日以賢制爵,則民慎德;十有二日以庸制祿,則民興功。」這十二種教育的核心是道德教化,內容豐富、具體,有較強的針對性。

在西周禮制中,貴族子弟的教育占有相當重要的地位。《周禮‧地官‧師氏》規定,由師氏負責國子三德三行教育,「以三德教國子:一曰至德,以為道本;二曰敏德,以為行本;三曰孝德,以知逆惡。教三行:一曰孝行,以親父母;二曰友行,以尊賢良;三曰順行,以事師長」。由此可知,師氏掌管的是思想品德教育。《周禮‧地官‧保氏》還規定,由保氏負責六藝六儀教育,「乃教之六藝:一曰五禮,二曰六樂,三曰五射,四曰五馭,五曰六書,六曰九數。乃教之六儀:一曰祭祀之容,二曰賓客之容,三曰朝廷之容,四曰喪紀之容,五曰軍旅之容,六曰車馬之容」。保氏執掌的是知識、技能和禮儀教育。除此以外,周王朝還設有進行音樂舞蹈教育的專門學校。它由大司樂主持,負責教貴族子弟以樂德、樂語、樂舞,由樂師教他們以小舞。可見,周代貴族子弟的教育內容十分豐富、系統,比較有利於培養出國家所需的德才兼備的官吏。

第六章　禮制體系：國家制度的雛型

　　西周的學校分為國學和鄉學兩種。其中，國學是中央官學，鄉學是地方官學。國學又分為大學和小學兩級。周代學校具有多重性質。其大學作為學校稱「辟雍」、「太學」，作為天子上朝處所叫「明堂」，作為祭祀場所又是「太廟」。諸侯也可辦大學，稱為「泮宮」。周代鄉學設定已形成高低有序的系列。《周禮·地官》說：「鄉有庠，州有序，黨有校，閭有塾。」《禮記·學記》則說：「古之教者家有塾，黨有庠，術有序，國有學。」

　　有關西周教育制度的真實性及其是否為周公所制定的問題，按照疑古論者的觀點，自然也是一個懸案。歷年來出土的一些青銅器卻提供了周公可能制定西周教育制度的證據。出土的康王時的「大盂鼎」提到了昭王幼年入學之事，銘文上有「小學」的字樣。康王時的「麥尊」上有「辟雍」的名稱。康王是成王之子，其當政年代距周公制禮作樂相去不過三十餘年。此時學制已相當完備，不少青銅器上都記載了周天子、太子及一般大臣、學生在「辟雍」、「學宮」、「大池」、「射盧」習射和作樂舞的情況。這表明，周公在世時，西周教育至少已按照他的設計初具規模了。儘管當時可能還來不及施行他的一些規劃，但大致在成王時期，其教育政策可能已全面實施。

　　西周在教育上實行的是政教合一的官學制度。官與師合一，教師本身就是官吏。如大司樂、師氏、保氏等，本身就

四、教育制度

是掌握一定權力的官吏,同時又是高級的教師。這是因為西周典章文物、圖書資料及演習禮樂射舞的器具均由國家專管,需學者得向主管部門的官員學習,這就是「學在官府」。官學不分,一方面固然是西周王朝奉行「天佑下民,作之君,作之師」的學術壟斷政策所決定的,另一方面也與西周時期生產力水準不夠發達有直接關係。由於生產力不發達,不可能供養更多的專門從事腦力勞動的讀書人,在客觀上就限制了官學分離。這是一種不以人的意志為轉移的必然性,即周公這樣具有大智慧的人,也不可能擺脫其束縛。到春秋戰國時,隨著生產力水準的提高,專門從事文化教育工作的「士」階層足以謀生,「學在官府」的局面就輕易地被打破了。因此,我們沒有必要在「學在官府」問題上過多地指責周公。畢竟,周公不是神,他也無法擺脫歷史的局限。

西周滅亡以後,春秋戰國時期私學大興。在以後的兩千餘年歷史上,雖歷代基本上都呈官學、私學並舉的局面,但官學與西周官學一樣,均分中央官學和地方官學兩種。只是官學不再只收貴族子弟,平民子弟也能入學。封建時代官學始於西漢。漢武帝時,董仲舒以周公教化之功,建議仿周學制,興辦太學。他說:「武王行大誼,平殘賊,周公作禮樂以文之,至於成康之隆,囹圄空虛四十餘年。此亦教化之漸而仁誼之流,非獨傷肌膚之效也。……太學者,賢士之所關也,教化之本原也。……臣願陛下興太學,置明師,以養天

第六章　禮制體系：國家制度的雛型

下之士，數考問以盡其材，則英俊宜可得矣。」(《漢書・董仲舒傳》)以後歷代統治者都沿用漢太學的辦法興辦官立大學。西漢王莽當政時十分重視太學教育。這個熱衷於《周禮》的復古主義者，完全仿周制建太學。元始三年（西元 3 年），「王莽奏起明堂、辟雍、靈臺，為學者築舍萬區，作市、常滿倉，制度甚盛」(《漢書・王莽傳》)。王莽此舉自然是為了給人一個德比周公的印象。果然，君臣讚美不已：「昔周公奉繼體之嗣，據上公之尊，然猶七年制度乃定。夫明堂、辟雍，墮廢千載莫能興，今安漢公（王莽）起於第家，輔翼陛下，四年於茲，功德爛然。」(《漢書・王莽傳》)不過，王莽用意雖卑劣，但使太學規模空前發展，學生人數超過一萬人。在當時，這是十分不易的。東漢明帝時期，出現了專收四姓外戚子弟的「四姓小侯學」。這種貴族學校就是西周專為貴族子弟設立的官立學校的復活。以後歷代王朝大多設有專為貴族子弟設立的、區別於平民子弟也能進入的太學的這類學校。西晉設立了只有五品官以上子弟才能入的貴族大學——國子學。唐代弘文館和崇文館只為皇室宗親和高官子弟開放，創貴族學校之最。唐代國子學則是地位略低於上述二館的貴族學校，但入學資格必須是文武三品以及有相當品級官員的子孫。清代還有專為皇族子弟設立的宗學、為愛新覺羅子弟設立的覺羅學等貴族學校。

五、祭祀制度

祭祀活動源於原始社會。那時人們由於認知水準低下，對諸如人的生死、做夢及雷電等現象難以形成正確的認知，因此產生了鬼神觀念，進而出現了神靈崇拜。人們最初希望用巫術去取悅神靈，於是有了祭禮活動。正如法國人類學家亨利‧馬伯樂（Henri Maspero）所指出的那樣：「古代巫術正是宗教的基礎。虔誠的、要想獲得神的恩惠的人，除非雙手抓住神，否則就沒有成功的機會。而這只有透過一定數量的典儀、祭品、禱詞和讚歌等才能做到」[026]。因此，原始時代的人們，總是把祭祀活動作為一項基本活動。中國古代的祭祀活動在「三代」時期仍很活躍。夏代祭祀活動已無資料可考；商代祭祀的情況，可見於甲骨文和先秦文獻；殷人所祭祀的神，只是一個喜怒無常、降禍於人的神。為了達到祈求神靈保佑的目的，殷人極其頻繁地進行祭祀。

周人的祭祀制度是對殷人的繼承。這一點從周武王伐紂時指責紂王「昏棄厥祀」、「宗廟不享」等罪狀就可以推知一二。周武王正是以繼承殷商傳統祭祀為號召發動滅商戰爭的。據史料記載，周人十分重視祭祀活動。《尚書‧武成》說，武王伐商時，「告於皇天后土、所過名山大川」，「祀於周廟」，「執豆籩」，「大告武成」。《史記‧周本紀》也說，武

---

[026] 弗雷澤：《金枝》，中譯本，第 81 頁。

第六章　禮制體系：國家制度的雛型

王伐紂後,「其明日,除道,修社及商紂宮」。和殷商時代一樣,周初的祭祀活動也十分頻繁。

在周初的祭祀活動中,周公是一位極其重要的人物。《尚書‧金縢》中就記載了周公的多次祭祀活動:「既克商二年,王有疾,弗豫」,「(周)公乃自以為功,為三壇同墠。為壇於南方北面,周公立焉。植璧秉珪,乃告太王、王季、文王」。這裡詳細記載了周公在滅商後第二年,為武王之病而向歷位先祖祈禱的祭祀場面。〈召誥〉中說,周公在把執政經驗傳授給成王時,也要求後者「肇稱殷禮,祀於新邑」,也就是說用殷代舊制,祭祀於新都。成王聽從了周公的勸告,來到新都舉行了祭祀活動。〈洛誥〉中說:「王在新邑烝祭」,「王賓殺禋咸格,王入太室祼」。意思是說,成王在新都先後舉行了冬祭、燎祭,祭祀文王、武王及歷代先王。

周公重視祭祀的思想必然體現於禮制體系之中,這就導致了比殷商時代更為完備的祭祀制度的產生。今存《周禮》中的祭祀制度,雖不是周公親手制定的,但也反映了在周公「制禮作樂」中有關祭祀的一些基本面貌。

據統計,《周禮》中涉及祭祀職責的官屬,在〈地官〉中有三十二個,〈春官〉中有四十八個,〈夏官〉中有二十八個,〈秋官〉中有十二個,共計一百五十九個職位元,占全部官職的將近一半。足見在周代祭祀是王朝的一項重要的日常事務。〈太宰〉規定,太宰「以八則治都鄙」,其中第一則就是

「祭祀，以馭其神」；「以九式均節財用」，其中第一式便是「祭祀之式」；「以九貢致邦國之用」，其中第一貢便是「祀貢」。〈小宰〉規定，「小宰以官府之六聯合邦治」，其中第一聯合就是「祭祀之聯事」；以法掌七事，其中第一事便是「祭祀」。〈大司徒〉規定，大司徒對民施十二教，其中第一教便是「以祀禮教敬」。〈大宗伯〉規定，大宗伯的最重要職責便是「掌建邦之天神、人鬼、地祇之禮」，幾乎所有祭祀活動都由大宗伯主持。〈小宗伯〉規定，小宗伯「掌建國之神位，右社稷，左宗廟」，「掌四時祭祀之序事與其禮」等。

周人祭祀不同於殷人之處，在於他們擺脫了祭祀活動的散漫、零亂狀態，使祭祀活動形成了一套完備、嚴密的體系。除了祭祀對象更為系統以外，他們對祭祀活動的每一個方面都有了系統、嚴格的規定。

首先，不同的祭祀活動，其祭品有別。「立大祀，用玉帛、牲牷。立次祀，用牲幣。立小祀，用牲。」（《周禮·春官·肆師》）

其次，祭器亦有區別。「四圭有邸，以祀天、旅上帝。兩圭有邸，以祀地、旅四望。祼圭有瓚，以肆先王，以祼賓客。圭璧，以祀日月星辰。璋邸射，以祀山川，以造贈賓客。」（《周禮·春官·典瑞》）

再次，對不同祭祀活動的服飾也有嚴格規定：「王之吉服：祀昊天上帝，則服大裘而冕，祀五帝亦如之；享先王，

第六章　禮制體系：國家制度的雛型

則袞冕；享先公，饗，射，則鷩冕；祀四望山川，則毳冕；祭社稷、五祀，則希冕；祭群小，祀則玄冕。……公之服，自袞冕而下，如王之服。侯伯之服，自鷩冕而下，如侯伯之服。子男之服，自毳冕而下，如侯伯之服。孤之服，自希冕而下，如子男之服。卿大夫之服，自玄冕而下，如孤之服。」（《周禮·春官·司服》）

最後，不同祭祀活動的樂舞也有明顯的區別。《周禮·春官·大司樂》記載：大司樂「乃分樂而序之，以祭、以享、以祀。乃奏黃鐘，歌大呂，舞雲門，以祀天神；乃奏大蔟，歌應鐘，舞咸池，以祭地祇；乃奏姑洗，歌南呂，舞大磬，以祀四望；乃奏蕤賓，歌函鐘，舞大夏，以祭山川；乃奏夷則，歌小呂，舞大濩，以享先妣；乃奏無射，歌夾鐘，舞大武，以享先祖」。

綜上所述，我們可以得出這樣一個結論：以周公為代表的周初統治階級已完成了祭祀由自然宗教向倫理宗教的轉變。周代祭祀與其說是為了取悅於諸神祇，毋寧說是做給活著的人看。其嚴格的等級規定與宗法制度緊密配合，對人們的思想和行為發揮了強制性規範的作用。祭祀制度已完全融入宗周禮樂文明之中。

周代祭祀制度對中國以後歷代祭祀活動產生了十分明顯的影響。雖然具體的祭祀情況各代有別，但直到清代末期，

五、祭祀制度

各種祭祀活動仍是王朝的一項極為重要的工作。從表面上看,中國傳統文化神鬼眾多,祭祀不斷,然而,人們對於祭祀活動卻是完全持實用的立場。正如孔子所說:「祭如在,祭神如神在。」(《論語‧八佾》)人們祭祀鬼神,卻並沒有在超自然的神力上做文章,而是非常理性地對待祭祀,藉以治國安邦。這種理性的祭祀觀的產生,正是周公所倡導的祭祀制度的必然結果。

第六章　禮制體系：國家制度的雛型

第七章
音樂創作：禮樂制度

中國古代音樂文化的歷史十分悠久。《呂氏春秋·古樂》就記載了上古時期人們製作五弦瑟、「三人操牛尾，投足以歌」和「民氣鬱閼而滯著，筋骨瑟縮不達，故作為舞以宣導之」等史事。雖然其可信度難以確定，但從考古資料來看，華夏先民們早就有了音樂舞蹈活動。青海大通縣上孫家寨墓地出土的舞蹈紋陶盆，內壁畫著三組舞人形象，每組五人，手拉著手跳舞，動作整齊協調，似乎邊唱邊舞，反映出新石器時代人們音樂文化生活的片段。山東濰坊市姚官莊出土的新石器時代晚期陶塤，有一吹孔，一按音孔，可發小三度音程的兩個樂音。傳說原始社會晚期中國已有較高水準的樂舞出現。黃帝時代有〈雲門〉，唐堯時代有〈咸池〉，虞舜時代有〈九韶〉。

夏代音樂的代表性作品是作為宮廷樂舞的〈大夏〉，它以歌頌夏禹治水的成果為內容，由九個段落組成，由八列頭戴皮帽、下著白裙、裸露上身的演員表演。商代的音樂教育程度已發展到一個相當高的程度。這一時期出土的樂器種類相當豐富，有可發八個連續半音的陶塤、鼓、鐘、磬、編鐘、

第七章　音樂創作：禮樂制度

編磬、鈴等。商代的代表性樂舞是相傳為伊尹所作的〈大濩〉，其內容是歌頌商湯滅夏，開創商朝的功績。

西周初年，自傳說中黃帝以來的各代樂舞仍在流傳。它們與周王朝制作的樂舞一起合稱「六代舞」，也稱「六樂」。雖然我們今天已無從了解這些樂舞的具體情況，但根據孔子對〈韶〉樂的讚美來看，其水準顯然已達到較高的程度。特別是夏、商兩代樂舞，對於鞏固統治階級的統治發揮了相當重要的作用。因此，歷代樂舞，尤其是夏、商樂舞，無疑為周公「作樂」提供了可資借鑑的豐富經驗。周公的音樂文化實踐活動顯然受到了過去時代的啟迪，這是毋庸置疑的。

周公在周初的音樂文化發展中的主要貢獻，表現在他親自參與制作雅樂和確立禮樂制度兩大方面。

一、制作〈大武〉以誇戰功

周初雅樂數量眾多，但影響最大者當推〈大武〉樂舞。

〈大武〉作者究竟是誰，歷來都存在著爭議。有人認為是武王所作，有人認為是周公所作，我們贊同後一說。《呂氏春秋·古樂》說：「武王即位，以六師伐殷，六師未至，以銳兵克之一於牧野。歸乃薦俘馘於京太室，乃命周公作〈大武〉。」這種說法是比較接近事實真相的。在《詩經》所保存

一、制作〈大武〉以誇戰功

下來的被認為是〈大武〉歌詞之一的〈昊天有成命〉一詩中，有「成王不敢康」字樣。在另一篇歌詞〈武〉中，又有「於皇武王」一句。我們知道，成王在武王之後才有此稱號，武王也不可能自誇為「皇」（美也）。很顯然，武王不會是〈大武〉的作者，真正的作者是周公。

周公所作〈大武〉的曲譜早已失傳，但有關〈大武〉的具體情況，透過《禮記·樂記》所記載的孔子與賓牟賈的對話，可以有一個大致的了解。

根據孔子的描述，我們所知道的這部樂舞的演出情況大致是這樣的：前奏為長時間的鼓聲，接著出現出兵時彙集眾人的等待過程。隨後是合唱隊唱著盛大的讚美歌，然後表演伐殷戰爭的舞蹈。剛開始舞蹈行列不動，表示周王在等待前來作戰的各路諸侯（「久立於綴，以待諸侯之至也」）；接著是按照一定節拍表演激烈的車戰；最後又在一種名為「鐸」的行軍金屬打擊器的有節奏的聲音中分列前進，表現戰爭的勝利。表演中，舞蹈者變換著各種舞姿，合唱隊以伴唱來敘述戰爭情節，並且樂舞的每一段終了，全體舞者都坐下來，以表示周朝統治的鞏固。

〈大武〉的具體結構，據孔子所言有「六成」（即六段）。史學家王國維對此作過〈周「大武」樂章考〉（見《觀堂集林》卷二），有助於我們對〈大武〉做深入的了解。

第七章 音樂創作：禮樂制度

〈大武〉樂舞的第一段，據孔子所言名為「北」。此段舞列由南向北行進，表現周人由汜水渡河，向商都出發。其中有一個場面，叫做「總干而山立」。「總干」是持盾，「山立」是像山一樣挺立。這應是周軍在向商紂王的軍隊發起總攻之前，在牧野誓師時的情景。根據王國維的考證，這時合唱隊唱起了〈武宿夜〉（即今《詩經·周頌·昊天有成命》）：

> 昊天有成命，
>
> 二后受之。
>
> 成王不敢康，
>
> 夙夜基命宥密。
>
> 於緝熙，
>
> 單厥心，
>
> 肆其靖之。

據孔子所說，〈大武〉的第二段是「滅商」，其內容是武王率領西周聯盟軍隊滅商的經過。這時的舞姿為「發揚蹈厲」，也就是表現將士們奮勇殺敵的情景。據王國維考證，這時合唱隊所唱歌曲的歌詞是今《詩經·周頌·武》：

> 於皇武王，
>
> 無競維烈。
>
> 允文文王，

一、制作〈大武〉以誇戰功

> 克開厥後。
>
> 嗣武受之，
>
> 勝殷遏劉，
>
> 耆定爾功。

〈大武〉的第三段據孔子所說為「南」，其內容是向南進軍。這一段的歌詞，據王國維考證，為今《詩經·周頌·酌》：

> 於鑠王師，
>
> 遵養時晦。
>
> 時純熙矣，
>
> 是用大介，
>
> 我龍受之。
>
> 蹻蹻王之造。
>
> 載用有嗣，
>
> 實維爾公，
>
> 允師。

〈大武〉的第四段據孔子所說是「南國是疆」，也就是重新劃定南方諸分封國的疆界。據王國維考證，此時合唱隊唱起了今《詩經·周頌·桓》：

> 綏萬邦，
>
> 婁豐年。

第七章　音樂創作：禮樂制度

> 天命匪解，
>
> 桓桓武王。
>
> 保有厥土，
>
> 於以四方，
>
> 克定厥家。
>
> 於昭於天，
>
> 皇以間之。

〈大武〉的第五段，據孔子所說是「周公左，召公右」。這應該是指周公還政於成王以後所出現的「自陝而東者，周公主之；自陝而西者，召公主之」(《公羊傳》隱公五年)，即「周、召二公分陝而治」的史實。據王國維考證，這時合唱隊所唱歌詞為今《詩經・周頌・賚》：

> 文王既勤止，
>
> 我應受之。
>
> 敷時繹思，
>
> 我徂維求定。
>
> 時周之命，
>
> 於繹思。

〈大武〉的第六段，據孔子所說是「復綴以崇天子」，即全體演員回到最初的舞列，向天子表示最高的崇敬。據王國維

一、制作〈大武〉以誇戰功

考證，這時合唱隊所唱歌詞是今《詩經·周頌·般》：

> 於皇時周，
>
> 陟其高山。
>
> 嶞山喬嶽，
>
> 允猶翕河。
>
> 敷天之下，
>
> 裒時之對，
>
> 時周之命。

〈大武〉一劇完整再現了周人滅商並使政權得以鞏固的全過程。全劇六段情節不同，歌詞的內容和格式也有變化，可以推斷其舞姿和樂曲也有變化。其編排構思可謂獨具匠心，可以想見周公所作的這齣樂舞已遠不是結構簡單的普通小樂舞，而是一齣相當複雜的歌舞劇了。

〈大武〉自周初創制到孔子之世，已歷五百年之久。由於年代久遠，其間可能會有不少變化，不復周初之原貌。不過，可以肯定地說，其根本特徵應無變化。這是因為，在周代禮樂制度下，樂的表演是十分嚴肅的事情，一般人不能任意改動。作為宮廷樂舞之首的〈大武〉，更不容人們擅自變動，故而雖歷經數百載也不會變得面目全非。

周公所作的炫耀武力的〈大武〉樂舞，並未獲得後人的高

第七章　音樂創作：禮樂制度

度讚揚。據《左傳》襄公二十九年記載，季札觀賞〈大武〉之後只是作了一般性讚賞。他說：「美哉！周之盛也，其若此乎？」然而，他在觀賞了揚德的〈韶〉樂以後說道：「德至矣哉！大矣，如天之無不幬也，如地之無不載也，雖甚盛德，其蔑以加於此矣。觀止矣！若有他樂，吾不敢請已。」（《左傳》襄公二十九年）可見，他對〈韶〉樂的評價已達到無以復加的地步。比之於對〈大武〉的評價，真可謂有天壤之別。

無獨有偶。一生崇拜周公的孔子，也對〈大武〉樂舞和〈韶〉樂二者持同樣的態度。《論語・八佾》說：「子謂〈韶〉：『盡美矣，又盡善也。』謂〈武〉：『盡美矣，未盡善也。』」可見，在孔子心目中，〈大武〉的地位比之於〈韶〉要遜色得多。再加上有「子在齊聞〈韶〉，三月不知肉味，曰：『不圖為樂之至於斯也。』」（《論語・述而》）的記載，更可以感受到孔子對兩種樂舞在喜好程度上的強烈反差。

儘管儒家學者不會太欣賞〈大武〉，但這個宣揚周之武力的樂舞，成了後世宮廷雅樂中的保留節目。秦漢時期，〈大武〉還是宮廷雅樂的一個保留樂曲。不過，秦始皇二十六年（西元前221年）〈大武〉改名為〈五行〉。到三國時期，魏文帝黃初二年（西元221年）又恢復了原來的名稱。〈大武〉流傳到這一時期，已有一千二百年之久的演出歷史，其藝術生命可謂空前絕後。不過，這時的〈大武〉可能已不復原來的面貌了。

周代的大型樂舞,除了〈大武〉以外,還有另一出以歌頌周公東征平叛為內容的大型樂舞〈象〉(又稱〈三象〉)。據《呂氏春秋·古氏》記載:「成王立,殷民反,王命周公踐伐之。商人服象,為虐東夷,周公遂以師逐之,至於江南;乃為〈三象〉,以嘉其德。」然而,有關〈三象〉的具體情況,因資料的缺乏,我們幾乎是一無所知。

二、創作雅樂以導倫理

雅樂是指中國歷代統治者用於宗教、政治、風俗的各種儀式典禮中的音樂舞蹈。周公「作樂」所創作的「樂」,均可稱之為雅樂。

雅樂的源頭可以上溯到傳說中黃帝時的〈雲門〉、帝堯時的〈咸池〉、帝舜時的〈韶〉、夏代的〈大夏〉及商代的〈濩〉等樂舞。它們在產生的時代雖尚未被稱作雅樂,但已具有較明顯的為統治者的政治統治服務的功能,因此,應該說它們已有後來被正式定為官方正統音樂舞蹈的雅樂的跡象。由於周代時這些樂舞仍在流傳,周公在制作雅樂時,就有意識地利用了這種音樂舞蹈形式,並且加以改造,從而形成了一種新的樂舞形式——雅樂。

周公制作的雅樂與先代樂舞的區別主要在於:先代並沒有建立起較為嚴密的宗法制度,因而其樂舞不為宗法制度服

第七章　音樂創作：禮樂制度

務；周公的雅樂則是宗法制度的一個組成部分。

殷商時代，由於天命論的盛行，「殷人尊神，率民以事神，先鬼而後禮」（《禮記·表記》），他們頻繁地舉行祭祀和占卜活動，被認為能溝通人神關係的巫師則在這種活動中表演歌舞。這種樂舞的目的是娛神。它主要是為神而歌而舞，至於如何使人產生愉悅的情感這種審美功能反倒變得無關緊要了。

雅樂在周公的治國手段中，其地位僅其次於禮。所謂「禮樂刑政，四達而不悖，則王道備矣」（《禮記·樂記》），就說明了這一點。雅樂是作為禮樂制度一個不可或缺的方面而存在的。「禮」和「樂」是宗法制度中互為補充的兩個方面，「大樂與天地同和，大禮與天地同節」，「樂者，天地之和也；禮者，天地之序也。和，故百物皆化；序，故群物皆別」，「王者功成作樂，治定制禮」，「樂者為同，禮者為異。同則相親，異則相敬」（《禮記·樂記》）。這表明，「禮」與「樂」正好構成了性質相互矛盾、作用卻又一致的統一體，二者有異曲同工之妙。禮的作用在於維護宗法等級的差異狀態。然而，在宗族內部僅僅講等級地位上的不平等顯然是不夠的。這就需要用一種有效手段來增強宗族內部的凝聚力和向心力，以抵抗隨著年代久遠血緣關係疏遠而帶來的離心力。周公很清醒地意識到了這一點。於是，他就有意識地利用了雅樂平和、柔緩的旋律，使人沉浸於愉悅、祥和的氛圍之中，

二、創作雅樂以導倫理

以消解亢奮、對立等不和諧情緒。因此，調和宗族內部與國家的人際關係是周公制作雅樂的真實意圖。雅樂的利用，正好彌補了禮制的不足。

周公不僅僅是西周樂制的設計者和領導者，也是雅樂的創作者。由於雅樂古譜的失傳和其他資料的缺乏，我們已無法考證他是否作過雅樂。但周公除了創作大型樂舞〈大武〉以外，還是多首雅樂歌詞的採集者和幾首歌詞的作者。

今天我們所看到的《詩經》之詩，本來是用來配樂演唱的。宋人鄭樵說，詩「為燕享祭祀之時用以歌」，又說「樂以詩為本，詩以聲為用」（《通志·樂略》）。今天，這些詩已無法再演唱出來了，但我們仍可以從中管窺出當時雅樂的部分面貌。

在《詩經》中，留下了幾首周公所作的雅樂歌詞。

據《呂氏春秋·古樂》的說法，《詩經·大雅·文王》一詩是周公寫成的：「周文王處岐，諸侯去殷三淫而翼文王。散宜生曰『殷可伐也』，文王弗許。周公旦乃作詩曰：『文王在上，於昭於天。周雖舊邦，其命惟新』，以繩文王之德。」（《呂氏春秋·仲夏紀》）這首歌共七章，每章八句，以歌頌文王「受命」建周為主題。有周一代，它被廣泛地使用於祭祀、朝會或兩君相見等重大活動之中，有著周朝國歌的作用。因此〈文王〉一詩，在雅樂中扮演了極其重要的角色。詩中寫道：

第七章 音樂創作：禮樂制度

文王在上，

於昭於天。

周雖舊邦，

其命惟新。

有周不顯，

帝命不時。

文王陟降，

在帝左右。

……

命之不易，

無遏爾躬。

宣昭義問，

有虞殷自天。

上天之載，

無聲無臭。

儀刑文王，

萬邦作孚。

作為雅樂的歌詞，〈文王〉不只是對周文王進行讚美，還表達了作者的許多基本觀點。作者對天命論的懷疑、對殷商

二、創作雅樂以導倫理

失敗教訓的總結、對德治的提倡和對後世統治者的期望,都鮮明地表達出來了。透過雅樂的反覆演唱,周公的治國之道就世世代代流傳下來,並被後世君主和諸侯們所銘記。

據傳說,《詩經・周頌・清廟》一詩也是周公在雒邑居攝五年時所作。該詩是祭祀文王於清廟時所唱。全詩共一章八句。

詩中寫道:

> 於穆清廟,
> 肅雝顯相。
> 濟濟多士,
> 秉文之德。
> 對越在天,
> 駿奔走在廟。
> 不顯不承,
> 無射於人斯。

《詩經・豳風・七月》一詩,是一首共八章、每章十一句的長篇詩歌。《毛詩序》說〈七月〉是「陳王業也。周公遭變故,陳后稷先公風化之所由,致王業之艱難也」。但是,周公作〈七月〉的說法已為不少當代學者所否定。其理由是,「周公地位顯赫,沒有可能親耕隴畝,因而也就寫不出這種真切

第七章　音樂創作：禮樂制度

的詩來」[027]。這種說法不能說毫無道理，但我們也有足夠的證據推斷出周公完全可能是〈七月〉的作者。其一，周公在《尚書·無逸》中，要求成王「先知稼穡之艱難」，這與〈七月〉中的思想傾向是完全一致的。其二，周公在上述這篇誥詞中還說「文王卑服，即康功田功」，即文王親自參加過勞動，其生活也艱苦樸素。周公年少時，周族尚未奪得天下，他完全有可能跟隨其父文王一起參加過生產勞動，怎麼能夠武斷地說他不可能參與生產勞動呢？

詩中唱道：

> 七月流火，
>
> 九月授衣。
>
> 一之日觱發，
>
> 二之日栗烈。
>
> 無衣無褐，
>
> 何以卒歲。
>
> 三之日于耜，
>
> 四之日舉趾。
>
> 跟我婦子，
>
> 饁彼南畝，

---

[027] 褚斌傑等主編：《詩經》，見《中國古代佚名哲學名著評述》，第一卷，齊魯書社 1985 年版，第 291 頁。

二、創作雅樂以導倫理

　　田畯至喜。

　　……

　　二之日鑿冰沖沖，

　　三之日納於淩陰。

　　四之日其蚤，

　　獻羔祭韭。

　　九月肅霜，

　　十月滌場。

　　朋酒斯饗，

　　曰殺羔羊。

　　躋彼公堂，

　　稱彼兕觥，

　　萬壽無疆。

　　從全詩的內容來看，它不僅描繪了稼穡的艱辛，也抒發了愛情的甜蜜；它不僅寫人們的勞動過程，也寫人們的娛樂和消費。因此，它是一部描寫周初社會生活的史詩。

　　據《呂氏春秋・音初》記載：「周公及召公取風焉，以為〈周南〉、〈召南〉。」周公旦和召公奭分陝而治，周南自陝縣以東（今河南陝州區）為周公所管理的南國地方，具體包括河南西南部及湖北西北部一帶。採自這些地方的詩，統名為

第七章　音樂創作：禮樂制度

〈周南〉。周代諸侯有從其封地「采風」以獻天子的義務。朱熹說：「風者，民俗歌謠之詩也。……是以諸侯采之以貢於天子，天子受之而列於樂官，於以考其俗尚之美惡，而知其政治之得失焉。」因此，〈周南〉的部分詩歌正是周公在「分陝而治」之後對當地民間歌謠進行收集、整理後的成果。

在〈周南〉諸詩中，〈關雎〉和〈麟之趾〉兩詩備受後世學者關注。《毛詩序》中說：「〈關雎〉、〈麟趾〉之化，王者之風，故繫之周公。」很顯然，儒家學者把〈關雎〉和〈麟之趾〉作為周公親自蒐集、整理而成的，最能體現周公的德治教化的歌謠。

尤其是〈關雎〉一詩，由於被列為《詩經》開篇第一首，長期被視為詩之楷模。詩中唱道：

>　　關關雎鳩，
>
>　　在河之洲。
>
>　　窈窕淑女，
>
>　　君子好逑。
>
>　　參差荇菜，
>
>　　左右流之。
>
>　　窈窕淑女，
>
>　　寤寐求之。

求之不得，

寤寐思服。

悠哉悠哉，

輾轉反側。

……

　　該詩既寫了青年男女之間的兩情相悅，又合乎倫理規範的要求，因此博得了儒家學派的讚賞。孔子說：「〈關雎〉樂而不淫，哀而不傷。」(《論語·八佾》)《毛詩序》說：「是以〈關雎〉樂得淑女，以配君子，愛在進賢，不淫其色；哀窈窕，思賢才，而無傷善之心焉。是以〈關雎〉之義也。」雖然在這首詩的作者問題上歷來存在著極大的爭議，但這並不妨礙它對後世雅樂和詩在發展方向上的導向作用。

　　有周一代，用於雅樂演唱的歌詞極多。司馬遷說周代詩多達三千餘首。這種說法可能不符合事實，但也不能說完全沒有道理。有關孔子刪《詩》的傳說是完全有可能的。即令如此，《詩經》為我們所保留下來用於雅樂的歌詞仍達三百餘首。其中，形成於周公時代的部分只占極小比例，絕大部分都是後來逐漸形成的。由此可見，周代雅樂可謂盛極一時。

　　雅樂的出現，對中國古代音樂文化的發展產生了極其重要的影響：

第七章　音樂創作：禮樂制度

　　首先，它導致了雅樂與俗樂兩種音樂藝術形式的對立。雅樂一開始就是以官方正統音樂的面貌出現的，並且始終得到歷代統治者的大力維護。雅樂的音調一般是平和、嚴肅而緩慢的。而俗樂則是民間的音樂，如「鄭衛之音」。俗樂在多數情況下一般是遭排斥的。比如，孔子就主張「樂則〈韶〉、〈舞〉，放鄭聲，遠佞人。鄭聲淫，佞人殆」（《論語·衛靈公》）。從表演形式上說，「鄭聲淫」就是指它在音調上超出了五聲音，「淫則昏亂」（《左傳》昭公二十五年）。在音調上是否合乎傳統的規定，這也是區別雅樂與俗樂的一個重要特徵。按照儒家「中庸之道」的觀念，雅樂在形式上是守中的，而俗樂則太過，顯然不符合中庸的要求。

　　其次，它導致了中國音樂文化在內容上美與善的結合。從孔子對同屬雅樂的〈韶〉樂與〈大武〉的不同評價就可以明白，儒家倡導的是藝術的美與道德的善的直接統一。孔子對《詩經》是從道德上加以稱讚的，「《詩》三百，一言以蔽之，曰：『思無邪』」（《論語·為政》）。荀子也從道德上譴責「鄭衛之音」，「鄭衛之音使人之心淫」（《荀子·樂論篇》）。俗樂以一種輕快、活潑的音調表現愛情，這種不為禮所拘的自由奔放的情感，自然是統治階級的正統倫理道德規範所不容許的，故而稱之為「淫」。同時，俗樂由於情感體現得真切纏綿，音調婉轉而十分感人，往往引起人們過度的悲傷，這也會引起統治者的反對，認為它不利於宗族、國家內部的團

結。因而俗樂在內容上不符合美與善相結合的原則，是遭到反對的對象。於是美善同源成為中華音樂文化的主流。

三、規範禮樂以繫宗法

在周公所制定的禮樂制度中，樂制與禮制是對應的。在嚴格規範的各種禮儀中，同時也包含了在各種不同儀式中有關樂舞的使用的具體規定。事實上，所謂「禮儀」也就是禮樂的綜合體。由於樂舞已成為周代社會生活的一部分，因而音樂舞蹈的教育成為貴族子弟們的必修功課，「樂」與「詩」、「書」、「禮」並稱「四術」。

西周樂制中最為重要的一環就是建立了集音樂行政、音樂教育和音樂演出於一身的中央音樂機構——大司樂，它是一個職能複雜、部門眾多、規模龐大的實體。據《周禮·春官·大司樂》記載，這個機構共設定了包括大司樂（官名）、樂師、大胥、小胥、大師、小師、典同、磬師、鐘師、笙師、視瞭等共二十餘個不同等級、職稱的一千四百六十三人的樂官、樂師、舞師和職員、工役，除了這些有定額的人員以外，還有為數眾多的無定額人員。

周代樂制與禮制嚴密地結合在一起。在禮樂制度中，對於各種禮儀中樂的使用是按不同的等級分別加以嚴格限定的。

第七章　音樂創作：禮樂制度

　　在所使用的樂器數量上，就有與宗法等級相對應的規定。如鐘、磬類編懸樂器，就有「王宮懸，諸侯軒懸、卿大夫判懸、士特懸」(《周禮·春官·大司樂》)的規定，即王有四面，諸侯三面，卿大夫兩面，士一面。

　　在樂隊演出的規模上，也有與宗法等級相對應的具體規定。如舞隊的行列有「天子用八，諸侯用六，大夫用四，士二」(《左傳》隱公五年)的規定，即分別用八佾、六佾、四佾和二佾。每佾即一個由八人組成的行列。

　　在樂舞曲目的應用上，也有與宗法等級相對應的明確規定。《周禮·春官》有「凡射，王以〈騶虞〉為節，諸侯以〈貍首〉為節，大夫以〈采蘋〉為節，士以〈采蘩〉為節」的規定。又如，〈雍〉只用於天子祭祀時撤除祭品之時，〈三夏〉是「天子享元侯之樂」，〈文王〉是「兩君相見之樂」(《左傳》襄公四年)等。

　　根據周代禮樂制度的要求，重大禮儀場合所演奏的曲目往往既多且繁，過程相當漫長。以燕禮為例，《儀禮·燕禮》對樂的規定就多達四、五百字。在這些規定中所提到的需演奏的曲目多達十九個：「工歌〈鹿鳴〉、〈四牡〉、〈皇皇者華〉」，「奏〈南陔〉、〈白華〉、〈華黍〉」，「乃間歌〈魚麗〉，笙〈由庚〉。歌〈南有嘉魚〉，笙〈崇丘〉。歌〈南山有臺〉，笙〈由儀〉。遂歌鄉樂：〈關雎〉、〈葛覃〉、〈卷耳〉、〈鵲巢〉、〈采蘩〉、〈采蘋〉」，宴終之前還要「奏〈陔〉」。「樂」在周代禮儀中的

三、規範禮樂以繫宗法

重要性及其規定的嚴格性由此可見一斑。

周代樂制的規定和禮制的規定一樣具有強制性。它要求任何人都必須嚴格遵守，不得有絲毫違反。違反便是「僭越」，或者「非禮」，就會遭到懲罰或譴責。

有周一代，這種服務於禮制的雅樂先後興盛了四百年。透過嚴格的樂制，這種樂舞持續不斷地向人民讚頌統治者的盛德，灌輸宗法倫理思想，不斷強化人們對宗族和國家的歸屬感，在客觀上的確發揮了維繫宗法制度的作用。

雅樂的演出規模宏大，演出過程中流程嚴謹，確能給予人一種古樸、莊嚴和宏偉之感。但是，它的旋律和歌詞是為特定的禮節服務的，因而其氣氛沉悶、神祕而呆板，又給予人沉重和壓抑之感。因此，進入春秋戰國以後，就出現了樂制遭到破壞的情況。一方面，不少諸侯厭煩雅樂而喜愛俗樂。如《樂記》所載：「魏文侯問子夏曰：吾端冕而聽古樂，則唯恐臥；聽鄭、衛之音，則不知倦。敢問古樂之如彼，何也？新樂之如此，何也？」這使孔子發出了「禮崩樂壞」的感嘆。俗樂紛紛進入宮廷。如齊宣王喜好「世俗之樂」，秦國宮廷出現「鄭衛桑間」之樂，等等。另一方面，諸侯、大夫們不遵守禮樂制度的規定，僭越宗法等級，大夫竊用天子用的樂歌，諸侯動用天子的樂隊規模，公然「八佾舞於廷」，雅樂地位動搖。

第七章　音樂創作：禮樂制度

儒家創始人孔子對樂制遭到破壞的現狀十分不滿。他憤怒地說：「惡紫色之奪朱也！惡鄭聲之亂雅樂也！惡利口之覆邦家者！」（《論語·陽貨》）因此，當他於六十九歲高齡自衛返魯以後，就著手「正樂」，使「雅、頌各得其所」（《論語·子罕》），以圖挽救雅樂的至尊地位。然而，歷史發展的軌跡不依人的主觀意志為轉移。宗周樂制本是為禮制服務的，現在，禮制崩潰了，樂制也自然難以為繼。隨著宗法等級制的崩潰，雅樂也就失去其存在的社會基礎。雖然後來自漢起直至清代，雅樂幾乎一直在歷代宮廷音樂中留有一席之地，但它不過只是些滿足人們復古嗜好的古董，徒具形式罷了。

自魏晉南北朝起，由於長期戰亂和玄學的影響，中國傳統音樂文化發生了重大轉折。隨著晉王室南遷，原來流行於北方的相和歌與南方的吳歌和西曲相結合，形成了一種新的音樂形態──清商樂。其曲調清越，抒情性強，絕大部分作品都以愛情為題材，較少觸及政治問題。清商曲一反雅樂的沉悶呆板，以其自然美一時成為音樂文化之主流。其後流行的隋唐燕樂、宋元南北曲等，都是盛極一時的俗樂。在歷代宮廷音樂中，重俗輕雅已呈必然之勢。

第八章
神祕策略：龜卜與占筮

在中國古代社會漫長的歲月中，龜卜、筮占和夢占等活動曾盛行一時，有的至今仍未絕跡。現代社會的人們一般都把這些活動稱之為迷信。人們更傾向於用「神祕文化」來稱謂它們，這顯得更為客觀一點，因而我們採納了此種稱謂。在現代學術研究中，這類問題是難登大雅之堂的，因而一般論者也很少研究周公與神祕文化的關係問題。由於神祕文化在中國民間長盛不衰的影響，在普通百姓那裡，周公首先是因為在神祕文化方面的傳說（如「周公解夢」）而達到家喻戶曉的程度。現實的情況促使我們不得不探討周公與神祕文化的關係問題，以恢復他真實、完整的面目。

一、周公與龜卜

龜卜，就是透過燒灼龜甲而使之產生裂紋，並把這種裂紋作為兆象來分析、判斷未來吉凶的一種占卜方法。龜卜在先秦時期是十分流行的占卜方法。古代先民之所以選擇龜甲作為占卜之物，這與他們的神祕觀念有關。在古人看來，龜

第八章　神祕策略：龜卜與占筮

是有靈性的動物，它正好可以作為溝通人神關係的占卜物。而且龜長壽，身為飽經滄桑的長者，它可以為人指點迷津，正所謂「必問吉凶於龜者，以其歷歲久也」（《淮南子·說林訓》）。

在天命論盛行的殷商時代，龜卜正好滿足了商代統治階級溝通人神關係、判斷凶吉和確定治國方案的需求。在《尚書·洪範》中，商紂王之叔父箕子向周武王陳述商王朝治國方略時談道：「稽疑：擇建立卜筮人，乃命卜筮：曰雨，曰霽，曰蒙，曰驛，曰克，曰貞，曰悔，凡七，卜五，占用二，衍忒。」這表明，商代統治集團在遇到疑難時，總是把龜卜作為決策的重要依據。箕子還說：「龜筮共違於人，用靜吉，用作凶。」意思是說，如果龜卜和筮占結果都與人的意志相違，那麼，服從卜筮的結果就吉利，不服從而妄作就凶險。商人龜卜次數甚多，一個重大事件往往需占卜數次，最多時竟達十八次。在河南安陽的殷墟所發掘的十多萬片龜甲，就是商代統治者頻繁使用龜卜的直接物證。

周初，在鞏固周王朝江山及自身政治地位的鬥爭中，周公曾數次在緊急關頭使用龜卜。由於這些事件在前面第二、三章中已經談到過，這裡僅略做一些分析。

周公首次使用龜卜是在周滅商的第二年。當時武王患病不癒，太公與召公希望為武王的疾病占卜。周公這時把占卜之權奪過來，親自為武王的疾病進行龜卜。在龜卜之時，

一、周公與龜卜

他又舉行隆重的儀式,並且不是簡單地卜問吉凶,而是別出心裁地禱告先王,如果同意他自己代武王去死,就在龜甲上顯示吉兆;如果不同意,就顯示凶兆。結果得到吉兆。周公把這一結果放於金縢之櫃中。雖然第二天武王的身體暫時出現好轉,但不久後還是去世了。在這一事件中,周公的占卜動機歷來受到人們的諸多懷疑和指責。有不少學者指出,這次龜卜是周公與太公、召公爭權奪利所使用的一個手段,此舉意在取寵於武王,為自己增添政治籌碼。這種推測不無道理。不過,周公的真實動機到底是真心代武王而死,還是欺騙世人撈取政治資本,已是一個無關緊要的問題。重要的是,它表明周公在重大問題的決策上主張使用龜卜這個工具。

周公再一次使用龜卜是在準備東征平叛的關鍵時刻。在動員人們參加東征的〈大誥〉中,充滿著「卜」字:「我有大事,休?朕卜並吉」,「肆予告我友邦君,越尹氏、庶士、御事,曰:予得吉卜」,「王害不違卜」,「寧王惟卜,用克綏受茲命」,「矧亦惟卜用」,「予曷其極卜敢弗於從」,「矧今卜並吉」,「卜陳惟若茲」。可以說,龜卜是貫穿於此誥始終的話題。處於生死存亡關頭,周公唯恐人們不服從他的號令,一再強調龜卜的結果是吉兆,卜兆不可違,意在強迫人們無條件地把自己的東征平叛計畫作為天命來接受。在天命論仍然頗具影響力的周初,周公的這番鼓動十分有效,它很快就統一了人們的思想,獲得了積極的支持,從而為平叛活動的進

第八章　神祕策略：龜卜與占筮

行贏得了時間，取得了策略上的主動，打下了獲勝的基礎。

周公在重大事件的決策上第三次使用龜卜是在營建成周之時。據《尚書・洛誥》的記載，營建成周之前，周公在黃河以北的黎水占卜，得到的是不吉之兆；又在澗水以東、瀍水以西占卜，得到的都是吉兆。他把這一結果報告成王，得到了成王的讚許。周公數次龜卜，表明他在此事上煞費苦心、慎之又慎。周公如此用卜，一方面顯示了他在重大決策上必以占卜結果為據的一貫作風，另一方面更是針對殷遺民的心理特點所下的一招妙棋。營建成周的主要目的在於治東土、治理殷遺民。由於殷人重迷信和龜卜，周公利用龜卜的目的也在於投合殷遺民的心理習慣，假天命而令其遷居成周。從後來所發生的情況來看，這是一次極為成功的政治行動。營成周、治殷頑最終都順利地實現了既定的目標。

周公利用龜卜從事政治活動，在中華民族文明程度尚低的時代，是一件十分自然的事情。它反映了周人雖對天命有所懷疑，但仍未能徹底予以否定的一種矛盾心態。有的學者把周人對龜卜的利用僅僅歸結為一種政治權術，這是有失偏頗的。它無形中抬高了周公的思想水準。雖然周公重視人力，但是仍不敢輕易否定天命，這在第二章已有分析，不必贅述。所以周公的龜卜活動，在客觀上固然是一種欺騙手段，但在主觀意圖上則不排除他本人的虔誠因素。

二、周公與《周易》占筮

　　《周易》既是中國歷史上最古老的典籍之一，也是爭議最多的先秦文獻之一。《周易》一書分《易經》、《易傳》兩部分。其中，《易經》的作者究竟是誰，素來是一個爭論的焦點。較早的有代表性的觀點是司馬遷的「伏羲、文王說」，「自伏羲作八卦，周文王演三百八十四爻，而天下治」(《史記·日者列傳》)。這種觀點遭到東漢經學家馬融、陸績的反對。他們認為，爻辭裡有些事件出現在文王之後，文王不可能預先知道這些事件並且將其作為寫作爻辭的材料。因此，他們的結論是：文王只寫成卦辭，沒有寫出爻辭。其證據主要有：在升卦六四爻辭中，有「王用亨(享)於岐山」之句，「王」一般認為是指文王，但文王在世時尚未滅商，只被追稱為王。況且即使早已稱王，也不能以「王」自稱。在明夷六五爻辭中，有「箕子之明夷」。這是指箕子為商紂王所囚禁，並且罰做奴隸。因為「明夷」是說光輝的品德受到損害。但此事發生在文王去世以後，文王不可能事先運用之。這些證據是相當有說服力的。馬融等人認為爻辭是周公所作。他們的證據主要是《左傳·昭公二年》中所記載的「晉侯使韓宣子來聘……觀書於大史氏，見《易象》與《魯春秋》，曰：『周禮盡在魯矣。吾乃今知周公之德，與周之所以王也。』」這段故事。他們把「易象」與「周公之德」相連繫，認為這就是爻辭作於周公

第八章　神祕策略：龜卜與占筮

的充足理由。「爻辭作於周公說」，得到了後世學者的普遍贊同。後來《易乾鑿度》說：「孔子五十究《易》作十翼，師於姬昌，法旦。」王應麟《困學紀聞》引《京氏易積算法》說：「夫子曰：『聖理元微，《易》道難究，迄乎西伯父子，研理變通，上下囊括，推爻考象。』」他們一再肯定周公作爻辭的觀點。

今人對《周易》作者的研究，以郭沫若的觀點最具代表性。在〈周易之制作時代〉一文中，他對傳統的觀點進行了大膽的否定。其主要理由是：司馬遷在《史記‧周本紀》中說：「西伯囚羑里，蓋益易之八卦為六十四卦。」一個「蓋」字，可見是推測之辭。文王不過是一位半開化氏族的酋長，他自己還在看牛放馬，種田打穀，這樣的人能寫出《周易》，難以令人信從。在〈君奭〉中雖有「若卜筮，罔不是孚」，可是這個「筮」並沒有與《周易》連繫起來。〈大誥〉中有周公所說「寧王惟卜用」和「寧王遺我大寶龜」等，但沒有提到文王占筮。郭氏的觀點，雖不是全然沒有道理，但也缺乏足夠的說服力。比如，僅憑「蓋」有推測之意就認為司馬遷的說法不可靠，其證據還稍顯牽強；斷言〈君奭〉中「卜筮」之「筮」與《周易》無連繫，也有武斷之嫌。

我們認為，《易經》的爻辭為周公所作的傳統觀點不是全然沒有道理的。要弄清這一問題，首先必須搞清《周易》一書的性質。

二、周公與《周易》占筮

關於《周易》一書的性質，歷來就存在頗多爭議。比較多的論者認為它是一部占筮之書，但也有人認為它是一部哲學著作，還有人認為它就是一部史書（王陽明、章學誠等皆持此說）。

我們認為，關於《周易》是占筮之書的傳統觀點符合該書本來面目的正確論斷。理由有如下兩點：其一，《周禮·春官》中就有「筮人：掌三易以辨九筮之名，一曰《連山》，二曰《歸藏》，三曰《周易》」的記載。這說明《周易》本來就是占筮之書。其二，在秦始皇的「焚書坑儒」運動中，丞相李斯明令「所不去者，醫藥、卜筮、種樹之書」，而《周易》正是平安地度過焚書劫難的極少數先秦文獻典籍之一。劉韻說：「漢初，天下唯有易卜，未有他書。《易》以卜筮故，遭秦火而全，故今古文經本無大差異也。」可見，《周易》原本就是作為占筮之書而流傳於世的。至於其中的辯證法因素和史料價值等，只不過是其附帶成果而已。

如前所述，占卜機構是周公所制定的禮樂制度的一個組成部分。作為該機構最高官員的太卜，其基本職責之一就是「掌三易之法，一曰《連山》，二曰《歸藏》，三曰《周易》」。可見，《周易》被冠以「周」之名，必為周人所創。不管《連山》、《歸藏》兩部《易經》是否存在過，都不能否定周人在《易經》上的創新這一事實。《周易》不可能是商代就有的，即令商代有過《歸藏》一類《易經》，周人也做了相當大的變

第八章　神祕策略：龜卜與占筮

動，從而使兩者具有本質的區別。同時，在周代禮樂制度下，占筮活動本是一件十分嚴肅、神聖的事情，因而占筮法的制作不可能為無名小卒所妄為。因此，周公完全有可能在制禮作樂的過程中，親自主持整理、編定《周易》爻辭乃至卦辭。這就是我們沒有輕易否定傳統舊說的理由。

在周代筮占中，雖有《連山》、《歸藏》之名，但僅有《周易》占法流傳下來。這說明，《周易》才是占筮諸法中最受重視的一種，唯其如此，它才免遭淘汰之厄運。在周代的占卜機構中，設定了一個筮占組，其組成情況為：「筮人：中士二人。府一人，史二人，徒四人」（《周禮·春官·宗伯》），共九人。筮占組織規模雖小，但在重大活動中常常扮演著非常重要的角色。在周代文獻中，往往是卜筮並提。《尚書·君奭》中說：「若卜筮，罔不是孚。」《詩經·衛風·氓》中唱道：「爾卜爾筮，體無咎言。」據《左傳》記載，春秋時晉獻公欲娶伯姬，龜告凶，筮告吉，獻公於是喜歡筮占。當他欲把女兒嫁給秦伯時，就直接棄卜而用筮。這些都表明，筮占在周代十分流行。秦代不事龜卜，《周易》的筮占術卻在民間很流行。西漢初年，由於先秦典籍唯《周易》尚存，易占繼續流行。到西漢末年，王莽既重龜卜，也重筮占。魏晉以後，占筮者逐漸不再嚴格遵守《周易》的規定，在占具和占法上都有了改變。「火珠林」占法以拋擲錢幣代替使用蓍草，更新了原有的占具和占法。而宋以後的「梅花易數」，則完全拋開占具，

把一切條件數字化，再用「卦以八除，爻以六除」的起卦原則來演出具體的卦名。由於後世易占者們對《周易》占筮法的改造，因此它在中國封建社會後期仍然十分活躍，成為民間頗有影響的一種神祕文化現象。由此可見，《周易》對中華文化的影響十分奇特。故相傳為《周易》作者的周公，在芸芸眾生中自然也具有了幾分神祕感。

三、周公與夢占

夢占，又稱占夢、解夢，它是根據夢象預測吉凶禍福或對夢兆做出合理解釋的行為。

做夢是人處於睡眠狀態下的一種特殊心理體驗。但在古代社會，由於認知水準的局限，夢境被古人視為人神之間或人鬼之間交流的產物。並且夢境乃人的親身體驗，比之於龜、蓍等身外之物，與人的關係更為緊密，因而對於人有一種特殊意義。再者，夢境是任何人在睡眠狀態中都隨時可能產生的，因而人們急於知曉夢兆，夢占也就使用得極為頻繁。

從殷代甲骨卜辭中，我們可以找到當時夢占極為普遍的證據。如「壬午卜，王曰貞，又夢」，「丁未卜，王貞多鬼夢」，「庚辰卜，貞多鬼夢，不至田」等。

第八章　神祕策略：龜卜與占筮

　　周代對夢占也是十分重視的。據《周禮・春官》記載，在周王朝的占卜機構中，夢占也占據著一個相當重要的位置。首先，作為占卜機構最高官員的太卜，其重要職責之一，就是「掌三夢之法：一曰《致夢》，二曰《觭夢》，三曰《咸陟》」。其次，在占卜機構中還設定了一個占夢組織，「占夢：中士二人。府一人，史二人，徒四人」。雖該組織僅有九名定額人員，地位不及龜卜組織高，但也擔負著極其重要的職責，「掌其歲時，觀天地之會，辨陰陽之氣，以日月星辰占六夢之吉凶」。此六夢「一曰正夢，二曰噩夢，三曰思夢，四曰寤夢，五曰喜夢，六曰懼夢」。占夢人員雖少，但任務不少，「季冬聘王夢，獻吉夢於王，王拜而受之。乃舍萌于四方，以贈惡夢，遂令始難歐疫」。

　　以上記載表明周代夢占不僅活動頻繁，而且已形成了系統、完備的理論。周公「制禮作樂」時，完全有可能主持收集、整理前代的夢占理論，從而形成周人自己的夢占理論。也許已失傳的《致夢》、《觭夢》、《咸陟》等夢占典籍就與周公有關。這可能就是中國古代社會一直流傳的「周公解夢」傳說的來源。

　　我們認為，中國古代社會不斷把周公偽託為《解夢書》作者的現象，本身就是一個值得研究的現象。儘管我們所能見到的《周公解夢書》之類的著作都不是周公所作，但並不能由此得出周公與夢占完全無關的結論。如前所述，周公完全可

三、周公與夢占

能在「制禮作樂」時親自主持完善夢占理論。同時，我們應該推測，即使歷史上曾經有過這類為周公所作的書籍，因種種原因，在後來的歲月中失傳也是完全有可能的。其一，春秋戰國時期，群雄爭霸，周室衰微，戰亂持續五個世紀，不少典籍因此毀於戰火，夢占典籍也可能由此失傳。其二，儒家創始人孔子是一個「不語怪、力、亂、神」的人物，因此，他在美化周公的聖賢形象時，出於為賢者諱的動機，刪掉周公的這類文獻，使之不能作為聖賢的正式言論而流傳於世，這也不是沒有可能的。其三，秦始皇焚書，大量先秦文獻被付諸一炬，從而形成了先秦文化的大量空白點。雖然卜筮之書不在禁書之列，夢占書卻沒有此等幸運。因此，與周公有關的夢占著作，也可能毀於此次焚書事件。

假若《周公解夢書》為三國時所作之說成立，則此書離秦始皇焚書事件約隔五百年，此時民間對先秦故事應該還有較廣泛的流傳。《解夢書》的作者把著作權「讓」於周公，書商以此書牟取大利，這也反映出當時民間可能還盛行「周公解夢」的傳說。不然，作者就完全沒有必要將此書署為周公所作了。

綜上所述，周公身為他所處時代最偉大的思想家，也不可避免地打上了時代的烙印。對於周公思想中的這些原始迷信觀念，我們應該採取實事求是的態度加以剖析，既不應苛求於他，也不應曲意美化之。由於周公受到時代局限，仍保

第八章　神祕策略：龜卜與占筮

留了不少鬼神迷信一類神祕觀念,因此在他的思想體系中,必然也存在著與之相應的消極因素。弄清這一點,對於我們正確評價周公在哲學、倫理、政治、法律等方面的思想內容,是完全有必要的。因此,我們完全沒有必要,也不應迴避有關周公與神祕文化關係的重要史實。

參考文獻

1. 王世舜譯注. 尚書譯注. 成都：四川人民出版社，1982。

2. 周秉鈞譯注. 白話尚書. 長沙：嶽麓書社，1990。

3. 黃懷信等. 逸周書匯校集注. 上海：上海古籍出版社，1995。

4. 司馬遷. 史記. 長沙：嶽麓書社，1988。

5. 司馬光. 資治通鑑. 鄭州：中州古籍出版社，1994。

6. 左傳. 長沙：嶽麓書社，1988。

7. 周禮·儀禮·禮記. 長沙：嶽麓書社，1989。

8. 楊任之譯注. 詩經今譯今注. 天津：天津古籍出版社，1986。

9. 二十五史精華. 長沙：嶽麓書社，1989。

10. 楊伯峻譯注. 論語譯注. 北京：中華書局，1980。

11. 楊伯峻譯. 白話四書. 長沙：嶽麓書社，1989。

12. 金景芳著. 中國奴隸社會史. 上海：上海人民出版社，1983。

13. 金景芳著. 論井田制度. 濟南：齊魯書社，1982。

14. 郭沫若著．奴隸制時代．北京：人民出版社，1951。

15. 郭沫若著．青銅時代．上海：上海新文藝出版社，1952。

16. 西周史研究．人文雜誌叢刊．第二輯，1984。

17. 王宇信著．西周史話．北京：中國青年出版社，1982。

18. 詹子慶編．先秦史．瀋陽：遼寧人民出版社，1984。

19. 趙光賢著．周代社會辨析．北京：人民出版社，1980。

20. 李亞農著．李亞農史論集（下）．上海：上海人民出版社，1978。

21. 楊向奎著．宗周社會與禮樂文明．北京：人民出版社，1992。

22. 黎虎著．夏商周史話．北京：北京出版社，1984。

23. 顧頡剛著．周公執政稱王．文史．總第 23 輯。

24. 顧頡剛著．濫及東方諸國的反周軍事行動和周公的對策．文史．總第 26 輯。

25. 顧頡剛著．周公東征和東方各族的遷徙．文史．總第 27 輯。

26. 顧頡剛著．奄和蒲姑的南遷．文史．總第 31 輯。

27. 顧頡剛著．武王的死及其年歲和紀元．文史．總第18輯。

28. 楊善群著．周公東征時間和路線考察．中國史研究．1988（3）。

29. 劉起釪著．由周初諸〈誥〉的作者論「周公稱王」的問題．人文雜誌．1983（3）。

30. 中國大百科全書·哲學卷．北京：中國大百科全書出版社，1987。

31. 中國大百科全書·政治學卷．北京：中國大百科全書出版社，1992。

32. 中國大百科全書·法學卷．北京：中國大百科全書出版社，1984。

33. 中國大百科全書·音樂舞蹈卷．北京：中國大百科全書出版社，1989。

34. 中國古代佚名哲學名著述評．第一卷、第二卷．濟南：齊魯書社，1985。

35. 馮友蘭著．中國哲學史新編．第一卷．北京：人民出版社，1982。

36. 陳來著．古代宗教與倫理——儒家思想的根源．上海：三聯書店，1996。

37. 徐大同等編．中國古代政治思想史．長春：吉林人民

出版社，1981。

38. 朱日耀主編．中國政治思想史．北京：高等教育出版社，1992。

39. 錢大君主編．中國法制史教程．南京：南京大學出版社，1987。

40. 張晉藩主編．中國法律史．北京：法律出版社，1995。

41. 楊鶴皋主編．中國法律思想史．北京：北京大學出版社，1988。

42. 李澤厚，劉綱紀主編．中國美學史．第一卷．北京：中國社會科學出版社，1984。

43. 北京大學哲學系美學教研室編．中國美學史數據選編．北京：中華書局，1980。

44. 於民著．春秋前審美觀念的發展．北京：中華書局，1984。

45. 陰法魯，許樹安主編．中國古代文化史．第二冊．北京：北京大學出版社，1991。

46. 唐得陽主編．中國文化的源流．濟南：山東人民出版社，1993。

47. 辛向陽著．大國諸侯：中國中央與地方之結．北京：中國社會出版社，1995。

48. 施宣圓等編．中國文化之跡．第二輯．1987。

49. 宋祚胤著．周易新論．長沙：湖南教育出版社，1982。

50. 劉玉廷著．中國古代龜卜文化．南寧：廣西師範大學出版社，1992。

51. 盧元勛等編．古代占夢術注評．北京：北京師範大學出版社，1992。

52. 金良年主編．中國神祕文化百科知識．上海：上海文化出版社，1994。

53. 班固．漢書．鄭州：中州古籍出版社，1996。

54. 彭林著．《周禮》主體思想與成書年代研究．北京：中國社會科學出版社，1991。

55. 任繼愈著．中國哲學發展史．北京：人民出版社，1983。

56. 錢杭著．周代宗法制度史研究．北京：學林出版社，1991。

57. 張立文著．中國哲學範疇發展史．北京：中國人民大學出版社，1988。

國家圖書館出版品預行編目資料

商周兩朝交替，周公與禮樂之始：從踐阼攝政到還政成王，從制禮作樂到設官分職……王朝更替，他攝政而不奪權；百廢待興，他奠定中華千年秩序！ / 辜堪生，李學林，徐曉菁 著. -- 第一版 . -- 臺北市：複刻文化事業有限公司，2025.09
面；　公分
POD 版
ISBN 978-626-428-237-6(平裝)
1.CST: (周) 姬旦 2.CST: 學術思想 3.CST: 先秦哲學
782.815　　　　　　　114012630

商周兩朝交替，周公與禮樂之始：從踐阼攝政到還政成王，從制禮作樂到設官分職……王朝更替，他攝政而不奪權；百廢待興，他奠定中華千年秩序！

作　　者：辜堪生，李學林，徐曉菁
發 行 人：黃振庭
出 版 者：複刻文化事業有限公司
發 行 者：崧燁文化事業有限公司
E - m a i l：sonbookservice@gmail.com
粉 絲 頁：https://www.facebook.com/sonbookss/
網　　址：https://sonbook.net/
地　　址：台北市中正區重慶南路一段 61 號 8 樓
8F., No.61, Sec. 1, Chongqing S. Rd., Zhongzheng Dist., Taipei City 100, Taiwan
電　　話：(02) 2370-3310　　傳　　真：(02) 2388-1990
印　　刷：京峯數位服務有限公司
律師顧問：廣華律師事務所 張珮琦律師

-版權聲明-

本書版權為濟南社所有授權複刻文化事業有限公司獨家發行繁體字版電子書及紙本書。若有其他相關權利及授權需求請與本公司聯繫。
未經書面許可，不得複製、發行。

定　　價：299 元
發行日期：2025 年 09 月第一版
◎本書以 POD 印製